经管文库 · 管理类

前沿 · 学术 · 经典

班级团体心理辅导的
设计与操作

DESIGN AND IMPLEMENTATION OF
CLASS-BASED GROUP COUNSELING

朱丽华 著

经济管理出版社

ECONOMY & MANAGEMENT PUBLISHING HOUSE

图书在版编目（CIP）数据

班级团体心理辅导的设计与操作 / 朱丽华著.

北京 : 经济管理出版社，2025. 4. -- ISBN 978-7-5243-
0275-9

Ⅰ. G444

中国国家版本馆 CIP 数据核字第 2025K9W910 号

组稿编辑：杨国强

责任编辑：杨国强

责任印制：张莉琼

责任校对：陈　颖

出版发行：经济管理出版社
　　　　　（北京市海淀区北蜂窝 8 号中雅大厦 A 座 11 层　　100038）

网　　　址：www.E-mp.com.cn

电　　　话：（010）51915602

印　　　刷：唐山昊达印刷有限公司

经　　　销：新华书店

开　　　本：720mm×1000mm/16

印　　　张：10

字　　　数：180 千字

版　　　次：2025 年 5 月第 1 版　　2025 年 5 月第 1 次印刷

书　　　号：ISBN 978-7-5243-0275-9

定　　　价：98.00 元

目　录

班级团体心理辅导的设计与操作

　　班级团体是有一定的规模，彼此互动，相互影响的集合体。班级团体作为一个社会系统，其中的社会角色及社会规范，反映了一个小系统与外在社会大系统之间的关联性。每一位教师、每一位学生作为班级团体中的一员，必定要对自己的社会角色及其行为规范进行反思与回应。师生之间、同伴之间等人际关系的互动和班级气氛的营造、行为规范的执行状态，都对心理辅导课的实效产生着或积极或消极的影响。学生鲜活的生命活动是班级心理辅导课活动素材的不竭源泉，班主任、任课教师若能深入到学生班级中，去感受班级日常运作的生态系统，去了解学生的班级生活、宿舍生活、课外生活的生命故事，就一定能够发掘和提炼出生动有效的心理辅导课的素材，实施富有创意的班级团体心理辅导课。更为重要的是，它使学校的心理健康教育工作突破了以往少数人做"宣传"、搞"讲座"、开设"心理辅导室"、建立"心理信箱"或"心理热线"等层面，让更多的教师积极参与到学生的心理辅导中来。推动着学校心理健康辅导工作迈向更深、更广的阶段。

第一章 班级团体心理辅导概述

什么是班级团体心理辅导？它与一般的团体心理辅导有何区别？有怎样的功能？又有哪些理论的支撑？班级团体心理辅导有效性的实现机制体现在哪里？这些都是学习班级团体心理辅导技术首先需要了解的问题。

班级团体心理辅导已经成为学校心理健康教育的重要途径。班级团体心理辅导是以全班学生为对象，在心理学的科学原理和方法的基础上，采用身、心、灵互动的教育、辅导和训练方式，把抽象的知识演变成生动活泼的操作，让学生在团体特有的彼此信任、接纳、理解和支持的氛围中，通过团体互动激发学生共同参与、体验、感受、领悟，达到预防和处理班级学生共同的发展性问题或共有的心理适应问题的辅导形式。

然而，并非任何个人的集合都是团体，个人的集合往往没有统一的目标，缺乏团体意识以及可认定的团体成员，没有互动和相互依存的关系。所以，作为一个团体必须具备下列特征：

第一，班级团体是有一定规模，彼此互动、相互影响的集合体。

第二，成员之间有互动，能够相互影响，如果成员之间只是简单的拼凑，没有任何关联，也不能称其为团体，如果团体成员之间彼此了解、关怀、支持、鼓励、欣赏、协助，那么此时的互动就属于正性互动，但如果团体成员彼此挑剔、责备、讽刺、挖苦、欺骗、打击等，则属于负性互动，在一个团体内，如果成员之间缺乏互动，团体的氛围会变得冷漠且没有生气。另外，团体成员间的正性互动越多，整个团体越健康、越有活力，相反，团体成员间的负性互动越多，整个团体可能离心离德、分崩离析。因此，一个好的团体是一个正性互动占主导地位的团体，成员之间相互促进，共同进步。

第三，团体成员间能达成共识，即有共同的目标，团体通常是为了一定的目的而存在的，成员聚集在一起来完成他们独自一人没有办法完成的某种工作。当团体成员在目标、理想、兴趣、价值观等方面的共识越多时，团体的凝聚力越强，并且在团体实现其目标的过程中，团体成员会共同解决问题、分享观念、寻找乐趣并在此过程中满足个人的归属感、安全感、自尊感以及爱的需要。

第四，团体要有一定的规范，"没有规矩不成方圆"，同样，没有一定规范的团体也不能称其为团体，即团体成员通过共识与互动，形成一定的团体规范，大家共同遵守。团体的规范是每一位团体成员必须遵守的行为准则，它保证了团体目标和团体利益的实现，团体规范越清楚，并且大家自觉遵守，则团体越健全、稳定，若团体缺乏规范，成员将会处于"无序"状态，易导致团体的解体。

第一节　班级团体心理辅导的功能

团体能够影响个人的成长，这是由团体自身功能决定的。团体辅导具有发展、教育、预防与治疗的功能。这四大功能相互联系、相互渗透，在团体辅导过程中共同起作用。对人格健全的学生来说，团体辅导有助于他们深化对自己的认识，改善人际关系，增强自信，提高适应能力，使自己的潜能得到最大限度的发挥，预防心理问题的产生；对人格欠缺的学生而言，团体辅导可以帮助他们认识自己的问题，通过与团体成员的互动，减轻症状，培养适应能力，增进心理健康。

一、团体心理辅导的发展性功能

班级团体心理辅导，主要是对正常状态下的个体加以启发和引导，满足他们成长发展的需要。"发展性功能"指心理辅导可以给予学生启发与引导，促进其对自我的了解与接纳，学习建立充满信任的人际关系所必备的技巧与方法，养成积极应对问题的态度，改善不成熟的偏差态度和行为，形成良好的个性心理品质，充分挖掘个体内在的潜能，对自己充满信心，对未来满怀希望，从而增强今后全面、主动地适应社会生活的能力。

二、团体心理辅导的教育性功能

班级团体心理辅导是一个借助成员之间的互动而获得自我发展的学习过程。团体心理辅导非常重视成员的主动学习、自我评估、自我改善，有利于参与者的自我教育。另外，团体心理辅导有助于培养个体的社会性，使其学习社会规范、适应社会生活的态度与习惯，以及学会相互尊重、相互了解，促进个体德智体的全面发展。成员在团体中可以进行信息交流，相互模仿，尝试与创造，学习人际交往技巧，通过调整个体对周遭环境的认识，增进个体对自我与社会价值的了解，运用团体互助的力量解决自我在发展中遇到的或将要遇到的困惑和问题。团体辅导强调成员的主动学习、自我评估、自我改善，有利于成员的自我教育，有利于培养成员的社会性、学习社会规范以及适应社会生活的态度与习惯。

三、团体心理辅导是预防心理不适应问题发生的有效途径

"预防性功能"指根据青少年学生在成长过程中缺少社会经验和心理成熟度这一特点，提供"防患于未然"的辅导，以帮助学生顺利度过身心发生巨变的青春期，坚强地面对人生道路上的各种挫折和困境的考验，避免由此而产生的不必要失误或心理危机。

班级团体心理辅导课是面向全班学生的一种有目标、操作性较强、相对稳定而又灵活的辅导形式。在学校生活中，班级是客观组成的一个团体，班级团体参与各类活动，他们有着共同的认知发展及社会性发展的特点，而且自然环境和学习方法的改变给他们的感受和体验是相同的，还有些类似的个人目标和社会期望，因此学生面对的心理问题通常也是其群体所共有的。

团体心理辅导可以提供更多的机会去分享彼此间的看法，互相倾诉，讨论对策，以求得心理的支持。在解决那些有着类似困扰的问题时，学生会因为有类似的经历而减轻心理的忧虑。在共同的活动中彼此进行交往、相互作用，并由此产生一系列诸如人际关系、暗示、模仿、气氛、感染、社会知觉等社会心理现象，使学生能通过心理互动的过程，加深对自己的了解与认识，懂得什么是适应行为，什么是不适应行为。在自我教育、主动学习、愉快训练的过程中，获得认识的突破、情绪和情感的调试、心理和行为的积极改善，充分利用团体动力的有利因素促进自我成长，增强其独立处理问题的能力，可预防其心理问题的发生或减少心理问题发生的概率。

四、团体心理辅导的治疗性功能

一般而言，治疗是减轻或消除经表现在外的问题行为。心理治疗学家强调人

类行为的社会交互作用。团体心理辅导课可以创设比较接近日常生活与现实状况的情境，设计有效的引导策略，提供类似于真实生活的场景，以此处理情绪困扰与心理偏差行为容易收到效果。在辅导者与成员的帮助下，团体中的个人有勇气面对问题或困扰，借助其他成员给予的反馈与澄清而获得对自己的了解，同时能够借助净化作用与良好的洞察力而使问题获得解决。另外，在团体辅导中，辅导者对需要个别咨询的人及时给予帮助，同时使成员对心理辅导有正确的认识和积极的态度，在心理上做好准备。

第二节　班级团体心理辅导的理论基础

一、团体动力学理论

所谓团体动力学是成员和辅导者的态度与相互作用。团体动力学创始人是德国心理学家勒温。他提出团体动力学的理论基础——场论，认为人就是一个场，人的心理现象具有空间的属性，即人的行为是由场所决定。勒温将场论的基本特征概括为：①场是融行为主体及其环境为一体的整体；②场是一个动力整体，随着动力场的千变万化，人的心理和行为也随之变化；③场的整体性在于场内并存事实的相互依存和相互作用关系。

团体动力学不仅为团体心理辅导提供了理论依据，而且为团体心理辅导过程中团体气氛的创设、指导者的作用等提供了重要的研究成果。团体动力学的一些研究，如敏感性训练等，直接成为团体心理辅导的方法、技术，被广泛应用于教育、管理和医疗等领域。

二、社会学习理论

社会学习理论的基本观点是：个人的行为不是由动机、本能、特质等个人内在结构决定的，也不是像早期行为主义所倡导的单纯由环境力量所决定的，而是由个人与环境的交互作用决定的。也就是说，人的行为受到个体的内在因素与外在环境因素的双重影响，是两者交互作用后所形成的。与此同时，人的行为又会创造、改变环境，个人的不同动机以及对环境的解释与认知又会使人表现出不同的行为方式，这种行为又以其结果使人的认知与动机发生改变。因此，行为、环境、个人内在因素三者之间是相互影响、相互制约的，它们之间构成了一种三角的互动关系。在一个团体中，如果成员之间彼此有了互信，团体的凝聚力会更强，也将能更有效地发挥团体的效能。

社会心理学关于群体研究的结论是：人的大部分行为都是通过观察他人、模仿他人而学会的，并且人的行为不仅受到自己行为直接后果的影响，还受到观察他人所遇到的结果（即替代强化）的影响。团体中的互动能使成员增加对自己与他人的觉察力，能够帮助他们把焦点放在生活中要改变的事情上，并重新做出决定。同时，团体成员的互动也会给每位成员提供充足的机会去练习，并履行契约。

三、人际沟通理论

人际沟通是人与人之间运用语言或非语言符号系统交换意见、传达思想、表达感情和需要的交流过程。人际沟通是个体适应环境、适应社会生活、承担社会角色、形成健全人格的基本途径，因此人际沟通既有传递信息和心理保健的功能，还具有自我认识与人际协调的功能。

研究发现，言语沟通是最有效、最便捷的媒介及渠道，但面部表情、目光接触、体态动作等同样是重要的沟通渠道，非言语的沟通渠道极大地丰富了人际沟通，而且比言语的沟通更深刻和含蓄。所以，团体心理辅导能够让个体在团体互动、人际交往过程中达到认识自我、感受接纳、体验成长。

四、积极心理学理论

团体心理辅导关注群体的未来，相信每个人都是积极向上的，都有不断成长和发展的潜在力量。使个体健康地发展和成长，是积极心理学所秉承的人本主义理念与原则。积极心理学致力于发掘个体自身的潜能，让个体生活更幸福、人生更完满。

积极心理学认为，个体幸福的五大元素之一是人际关系。建立良好的人际关系，有助于个体形成强大的情感支持系统，这对于积极情绪的保持及健康人格的构建具有很好的帮助作用。团体心理辅导是以团体为单位而进行的辅导性训练活动，注重团体内成员进行沟通而取得的交流与分享。两者在群体性理念上的融合可以进一步促进团体心理辅导取得更好的效果。

第三节　班级团体心理辅导对学生心理帮助的实现机制

团体是社会的缩影，是一种动力互动。团体成员间的互动就像他们在其他社会关系中与人互动一样。团体辅导和训练提供了适当的情境，成员在共同的活动中彼此交往、相互作用，并由此产生一系列诸如人际关系、暗示、模仿、气氛、感染、社会知觉等社会心理现象，使成员能通过心理互动的过程，探讨自我、学习新的行为方式、改善人际关系、解决生活中的问题。它的着重点在于帮助个体自己改变自己，自己做自己的分析者、治疗者，在自我教育、主动学习、愉快训练的过程中，获得认识的突破，调试情绪和情感，积极改善心理和行为，充分利用团体动力的有利因素促进自我成长。

团体促进成长和改变的因素包括：①获得情感的支持，如情绪宣泄、发现共同性、被人接纳、满怀期待；②在团体中尝试积极的体验，享受亲密感，增强归属感和认同感，体验互助互利；③在团体中发展适应的行为，提供安全的实验环境，相互学习交流经验，尝试模仿适应行为，学习社会交往技巧；④在团体中重建理性的认知，诱发事件不是导致人的情绪和行为反应的直接因素，而是在中间起决定作用的信念、看法和认知。

一、在团体中获得情感的支持和接纳

团体心理辅导创造了一种被保护的安全的环境、被理解的场所，团体成员将内心隐抑的消极情绪发泄出来，不但不会受批评被嘲笑，反而会得到关心与安慰。一次彻底的情绪抒泄，很可能使自己得到释放，更清楚地认识自己，不再被过去的痛苦所束缚。情绪抒泄不仅包括消极情绪，也包括积极情绪。在团体中可以公开表达自己的情绪与感受，与他人分享或分担是心理疗愈的重要条件。

在团体心理辅导过程中，通过相互交流，有机会从其他成员身上发现自己类似的经历、遭遇，共同的困难和体验，顿时会获得一种释然感，从而不再认为自己的问题是世界上唯一存在的和独特的，不再自怜自责。同病相怜、风雨同舟的感觉使个体放松自己、减少防卫心理，互相帮助、共同面对问题。

团体的接纳性，是干预效果的基础。由于团体的接纳，有尊重、和谐与温暖

的氛围，团体成员身在其中感受到安全的人际氛围，不再害怕别人的负性评价，就算感受焦虑也不觉得窘迫，敢于尝试新的行为和表现真实的自己。同时，在团体内被他人接受、关心，可以进一步增强信心。当看到其他成员有进步时，或看到自己有了一点进步时，会更有信心、更充满希望。

二、团体能使成员之间产生共同的感受和积极的体验

青少年的社会化主要是在同伴团体中完成的，同伴关系特别是同伴团体对青少年情绪情感的发展极为重要，不仅可以满足其社交需要，而且是获得社会支持、安全感、亲密感的重要源泉。当个体遭遇困难或情绪不佳时，常常会感到无助、孤独、失望，并误以为自己是"最不幸的人"。这些负向的情绪，有时在个别辅导的情境中会显得久拖不决、难以消除，但若放在一个团体情境中加以处理，却可能有意想不到的效果。因为在团体的互动分享中，个体会发现与自己类似境遇的人其实很多，于是他的孤独感会大大降低，而应对困难矛盾的办法也会从团体中获得启发。例如，入学适应不良的学生、考试焦虑的学生、青春期困扰的学生，都可能从团体中找到自己的"知音"，产生"我们"的感觉。这种共同的感受本身就具有治疗性，对个体来说，无助减少了，自卑、自责感也减低了，防卫不那么需要了，彼此更能沟通、了解、支持与互相鼓励、学习成长了。在这样的关系中，成员学习到日常生活中的许多人际隔阂是如何通过团体发展而消除化解的，从而增强与他人建立良好人际关系的愿望与信心。

在团体心理辅导过程中，当团体凝聚力形成并增强时，会让团体成员产生强烈的归属感和认同感。成员会明确地意识到自己是团体中的一员，会保持和团体一致的认识和评价，以团体为荣，爱护和保护团体的形象及荣誉，成员之间会形成很亲密的关系，可以体会到互相关心、互相爱护、互相帮助的友好情谊，从而形成进一步信任。这种团体的认同感和归属感也是社会生活中非常重要的经验。每一个成员在帮助他人的过程中，会发觉自己对别人很重要，感到自己存在的价值，获得欣喜感、满足感和自信心。团体的互助互利是一种积极的人生体验，这种体验不仅在团体中可以充分感受，而且会扩展到成员今后的生活中，让责任的承担和助人的行为继续下去。

三、团体创设了模拟现实生活情境的实验机会

在学校里，班级团体是社会生活的缩影，是现实社会生活的真实反映。学生之间的矛盾冲突，学习问题上的竞争合作，师生之间的关系协调等，无一不反映着社会生活的真实面貌。在团体中，真实的人类行为俱现，如愤怒、嫉妒、失望、伤感、鼓励、支持、真诚、固执、冲突、竞争、合作……这样的团体情境，能使学生将从团体中获得的洞察与日常生活经验相联结，并在安全、信任的气氛中尝试着去学习或改变行为。

对每一个人来说，在成长过程中，社会性学习是重要的历程。人类的问题在本质上通常都是社会性的，发生在人与人的交往和共同生活中。如何透视别人的动机，了解他人的用意，如何让人喜欢接近，如何避免别人误会，如何向人解释说明，如何拒绝别人不合理的要求等都是生活在现实社会里必须学习的社会生活技巧。团体心理辅导为成员提供了机会，让他们试验和发现自己与别人交往的能力，评价个人的人际交往情况。通过团体的交互经验，成员不但可以看清楚自己的社交情况，还可以学习基于对别人的信任和关爱所发展出来的基本礼仪，以及有效沟通和融洽共处的方法。而这些技巧对成员将来的社会性互动关系有很大的帮助。

有效的治疗通常包括示范和仿效。团体心理辅导为成员提供了一个多元化的社会及角色模范，使他们可以通过团体经验进行仿效性学习。通过团体内人际的交互作用，可促进个体成员观察、体验、认识和了解自己的心理行为反应以及他人的心理行为反应，学习积极的态度与行为方式，从而调整和改善与他人的关系，发展良好的社会适应能力，促进人格成长。

四、团体能改变自我概念并增进对他人的了解

团体的动力存在于成员互动的行为世界中。任何一个团体都包含着一个"人与人相处的行为世界"，任何一个"人与人相处的行为世界"都建立在互动双方或多方如何认识外界现象或信息，以及互相之间如何对待、如何回应的基础之上。"人与人相处的互动世界"，就是我们每个个体所能知觉的"生命空间"。这就是说，团体是每个成员所共享的生命空间，个体的生存、适应与发展都与这个共同构建的生命空间有密切的关系。

　　在平等互惠的同伴关系中，个体才得以检验自己的思想、体验冲突以及协商不同的社会观点。团体心理辅导为参加者提供了一个彼此深入了解的机会，建立新的自我认同模式和接纳他人态度，纠正过去的不良认知，建立合理的信念，例如，"我不是生活中唯一承担痛苦的人，其实生活中每个人都会有这样或那样的痛苦和忧虑""我并不像我以前那么的无助，我和别人一样拥有许多可利用的社会资源""并不一定要每个人都喜欢我、夸奖我，这实际上是任何人都做不到的""我并不是一无是处，我也有很多他人欣赏的地方，我比以前认为的可爱多了""要改变自己的行为必须付出努力，即使前途坎坷，但我仍抱有希望"。同伴是个体认知最为重要的共同构建者。每一个成员都可以将其他人看作自己的一面"镜子"，因此便有了可以比较、对照的对象；而别人给你的反馈性意见，也对自己平时没有察觉的个人特质有了比较清晰的了解。

第二章　班级团体心理辅导的设计

团体心理辅导课的设计，是对总体实施过程的理性思考，它基于辅导教师对辅导主题及活动目标的深刻理解和反复斟酌。一个根据团体成员需要而精心设计的团体方案就像"地图"，对团体心理咨询实施有导航作用。但设计方案只是一个框架、一种思路、一份引导，活动情景会因学生的千姿百态而千变万化，这正是团体心理辅导的难点所在。因此，在设计团体心理辅导方案时，需要把握以下几点：

（1）活动只是一种手段而不是目的，活动的真正意义在于活动结束后的讨论与分享，避免为了活动而活动。

（2）充分考虑所带领团体的目标、阶段、主题、时间、成员特点、团体气氛等因素。

（3）了解团体活动的可能后果。决定采用什么类型的活动，运用活动到什么程度，考虑不同活动安排的顺序，以及如何衔接和过渡，从而体现其计划的合理性、目标的明确性、操作的可行性和过程进行的发展性。

（4）激发实践的热情，避免依葫芦画瓢，生搬硬套，应不断创设新鲜内容，生成新的辅导方案，积淀辅导经验。

第一节　班级团体心理辅导的设计要点

团体心理辅导课设计方案的内容一般包括性质和名称、目标、辅导者介绍、对象和规模、时间、场所、理论依据、团体运作过程、评估方法等。其关键在于厘清思路，了解辅导对象潜在需要，确定团体性质、主题与目标，收集相关文献资料和方案，规划团体整体框架及流程，并且对团体方案进行讨论或修订。

一、理念是团体心理辅导的灵魂

辅导理念是辅导教师设计心理辅导课的指导思想和设计指南，它反映了辅导教师对组织某一次辅导活动的理性思考，侧重于表述辅导教师对辅导主题的理解和把握。可以说，团体心理辅导课的价值及其深刻性主要体现在理念上。

团体心理辅导课的辅导理念包含了三个层面的思考：一是对设计的团体心理辅导课主题的理论辨析；二是对辅导对象特征的把握；三是对辅导目标的针对性考量。例如，一次班级团体心理辅导课到底要解决什么问题？班级学生的实际情况和年龄特征又是什么？学生在学习和生活中遇到何种共同的现实问题？只有找准切入点，选题才会有的放矢。

团体心理辅导课之所以能成为学校心理健康教育的重要载体，是由于它建立在基本的辅导理念之上，那就是：相信每一个学生都有其向上发展、向善发展的需要，相信每一个学生都有解决其成长中出现的各种问题的潜能。因此，团体心理辅导的特殊性体现在它不同于一般的以外在影响力为主导的教育方式，无须说教灌输，而是使每一个学生觉察到自己在班级团体中的尊严与平等地位，感受到自己内心深处的能量搏动，体验团体中教师、学生彼此间的真诚与关爱，从而激发起上进的欲望，找寻面对生活的应对策略，增进自己战胜生活和学习中各种困难、挫折的信心和勇气。

教师要明确，团体心理辅导课的核心理念是体验先于学识，学生是团体活动的主体，每个学生在活动中的体验都是独一无二的，教师的辅导活动要围绕学生的自我觉察和体验开展，在此基础上引导学生发现和归纳活动中的收获。

二、班级团体心理辅导的目标要明确

团体心理辅导作为一种有计划的教育辅导活动，为了达到预期的效果，必须要有明确的目标。团体辅导活动要满足学生展现自我、发展自我、了解他人、适应环境等心理需求，首先要了解参与活动的对象特性、生活经验，明确活动的目的是什么。

在团体心理辅导过程中，其目标具有四大功能：①导向作用，团体辅导的目标为活动指明了方向，是指导者与成员经过共同努力要实现的状态；②聚焦作用，团体心理辅导的目标可以帮助成员把注意力集中到活动中，心往一处想，劲儿往一处使；③激励作用，团体心理辅导的目标有助于调动成员的积极性，克服暂时的困难，使成员更加坚持，不断努力进取，最终达成目标；④评估作用，团体心理辅导的目标为辅导者提供了一把尺子，可以用来评估团体的效果。

樊富珉将团体心理辅导的目标分为独特性目标和一般性目标。独特性目标指每一个团体辅导都具有明确的针对性,比如,网瘾戒除小组的独特性目标是戒除网络成瘾,自信心训练小组的独特性目标是增强自信心,人际关系训练小组的独特性目标是改善人际关系等。一般性目标指团体心理辅导在团体活动过程中都会包含的目标,具体可概括为6个:①通过自我探索的过程帮助成员认识自己、了解自己、接纳自己,使他们能够对自我有更恰当的认识;②通过与其他成员沟通交流,学习社交技巧和发展人际关系的能力,学会信任他人;③帮助成员培养责任感,关心而敏锐地觉察他人的感受和需要,更善于理解他人;④培养成员的归属感与被接纳感,从而更有安全感、更有信心面对生活的挑战;⑤增强成员独立自主、自己解决问题和抉择的能力,探索和发现一些可行而有效的途径来处理生活中的一般发展性问题,解决矛盾冲突;⑥帮助成员澄清个人的价值观,协助他们做出评估,并及时修正与改进。

班级团体心理辅导以提高全体学生的心理素质,充分开发潜能,培养积极向上的心理品质,促进学生人格的健全发展为目标。围绕这个总目标的操作性要求可以概括为生活适应辅导、学习心理辅导、生涯发展辅导三个方面。

生活适应辅导的领域目标包括:①自我觉察与自我接纳;②个人的责任感与自律性;③有效的人际与沟通技巧;④同伴交往辅导、异性交往辅导、师生交往辅导、亲子交往辅导;⑤学习有效的决策技巧;⑥了解在生活过程中的角色,增强调节情绪、战胜自卑、自尊自信、自立自强的能力。

学习心理辅导的领域目标包括:①学习有效的学习方法和学习策略;②发展批判思考的技巧;③确认个人学业上的优点、缺点,养成良好的学习习惯;④克服焦虑,最大限度地开发自己的潜能。

生涯发展辅导的领域目标包括:①知晓个人的特质、兴趣和取向;②发展对社会各行各业的了解与尊重;③了解学校表现和未来选择的关系;④发展对学业正向的态度;⑤懂得改变自己以适应变化的环境。

三、把握班级团体心理辅导的阶段进程

团体心理辅导是一个动态的发展过程。在不同的发展阶段,班级团体的任务不同,学生和辅导教师的角色、地位不同,团体的氛围和动力也不同,因此,需要设计不同的活动以与团体发展的动力特征及阶段目标相适应。班级团体心理辅

导活动的发展进程一般可划分为初始阶段、过渡阶段、运作阶段和结束阶段。

（1）团体初始阶段，是在团体开始之初营造团体氛围，讨论团体的目标，订立团体规则以及建立彼此信任的一个过程。这个阶段要充分运用各种热身游戏、音乐、影视等手段，营造一种轻松、温暖的氛围，引发个人参加团体的兴趣和需要，帮助团体在当下形成一个具有凝聚力的实体。这一过程就是通常所说的"暖身"或"破冰"，它的目的是克服拘束感，增进成员信任，拉近彼此距离，让全体学生既没有心理压力、感到轻松愉快，又能够集中注意力，不知不觉中融入团体，激活学生积极参与辅导活动的情绪。

为保证团体活动顺利进行，需要团体成员共同遵守一些规则。团体开始阶段，可以要求成员自己讨论团体契约，便于自觉遵守和互相提醒；也可以由指导者提出，得到成员的附议，如准时参加、集中注意力、坦诚相待、保守秘密、全身心投入等。

（2）团体过渡阶段，是创设情景、提出问题、激发成员探索欲求，逐步催化团体动力的转换期。团体过渡阶段实际上肩负着由"团体凝聚力初步形成"向"运用团体动力解决团体共同关心的某一问题"渐入的重要任务，包括以具体形象的方式，提出团体成员共同关心的某个话题，引出团体成员中不同观点和不同认知方式、行为方式的碰撞和冲突，催化团体动力，切入辅导主题。

（3）团体运作阶段，是以"自我开放、回馈、引导与深化焦点"为基本要素的团体工作阶段。这是团体基本成熟后渐入解决实质性问题的关键环节。这个阶段要将注意力集中于团体目标，激发成员思考，促进团体成员互动。可以设置一些贴近学生生活学习实际、更能反映学生成长困惑的讨论话题或情景活动，引导学生进一步感受、体验、思考，在参与团体活动的过程中表达心迹，更为接近自己内在的自我，更能自由地给予他人回馈，并且可以没有防卫地接受回馈。利用团体资源，鼓励成员探索个人的态度、感受、价值与行为，各种不同的想法、感悟、矛盾及其产生的一系列碰撞与冲突，而这就是他们自我认识、自我反思、自我成长的开始。通过团体合作，寻找解决对策，鼓励成员从团体中学习并获得最大收益。

（4）团体结束阶段，团体经验对团体的成效有决定性的影响。班级成员需要将在团体心理辅导过程中所学到的经验加以整理和巩固，肯定自己的积极改变并且充满信心地在日常生活中继续努力，使团体成效得以维持并扩展。在这个阶段，教师需要处理学生道别的情绪，解决一些未完成的事情以及制订团体活动结束后的训练契约等。

结束阶段过程中，成员可通过填答问卷、评估效能，分享自己在团体中的体验和成就、展示团体中的作品或作业练习的成果、成员彼此勉励等方式，协助成员整理自己的团体经验。团体结束时还需要有一个富有新意和韵味的尾声，让每一个团体成员留下欣喜、激动、深刻的记忆，有助于学生将自己在团体中的所学带入现实生活实践中，使团体在温暖、积极的气氛中画上一个圆满的句号。

第二节　班级团体心理辅导活动的类型与特点

团体心理辅导课中，学生的活动是辅导过程的基本环节，精心设计好活动形式是辅导成功的关键。团体心理辅导活动的类型丰富多彩，如游戏活动、角色扮演、情境体验、价值澄清、行为训练、绘画疗愈、团体沙盘等。然而，无论选择哪种活动都是为团体目标而服务，所以辅导教师必须对所选用活动的结果和效果了然于心，避免为活动而活动，避免活动衔接不当，避免不恰当活动。

一、游戏活动

班级团体心理辅导是以游戏活动为媒介，将参与者的内心世界反映出来，达到辅导目标。心理游戏不仅富有趣味性和挑战性，同时对于促进团体的发展有重要价值：

（1）催化团体动力，促进团体讨论，提高成员参与感。

（2）引导团体聚焦，促使成员把注意力集中在团体主题或讨论议题上。

（3）调节团体运作速度，增加团体的舒适氛围，为成员提供乐趣与松弛感。

（4）提供经验性学习的机会，深化主题探究。

游戏是一种多功能的活动，如康乐游戏、促进关系游戏或学习游戏等。有时候把一个康乐游戏稍微变化，便可以产生促进关系的效果；同样地，一个促进关系性质的游戏也可以只取其康乐部分而加以使用。最重要的是要清楚了解团队的需要，在选择合适的游戏时能够灵活变化，充分突出游戏的应有功能。

例如，全班同学一起进行的"万花筒"游戏，要求成员反应敏捷，动作迅速。在进行 30~50 个人的大游戏时，同学之间要相互融洽。操作流程如下：

（1）让所有的参赛者务必记住以下 7 条口诀：牵牛花 1 瓣围成圈；杜鹃花 2 瓣好做伴；山茶花 3 瓣结兄弟；马兰花 4 瓣手拉手；野梅花 5 瓣力气大；茉莉花 6 瓣好亲热；水仙花 7 瓣是一家。

（2）让所有的人随意站立在指定的圈内，游戏开始，主持人击鼓念儿歌，主持人的儿歌随时会停止，当主持人喊到"山茶花"时，场内的参赛者必须迅速围成 3 个人的圈，当喊到"水仙花"时，要结成 7 个人的圈，"牵牛花"就只需要 1 个人站好，凡是没有能够与他人结成圈或者数字错误的，都被淘汰出局，到最后圈子里剩下的为赢家。

（3）奖励方法：等到圈内剩余人数在 5 人左右，游戏即停止，剩余的人即获得个人奖。

相关讨论：

（1）经过这个游戏之后，你与新见面的同学间气氛是不是融洽了很多？

（2）对于人与人之间交流来说，微笑和快乐有什么作用？

游戏的效果直接受游戏规则及角色分配的影响，辅导教师要分析并掌握三者的关系，才能有效发挥游戏的功能，不致令人感到"戏而不趣"。如果未能创作新游戏，也可以尝试把旧游戏加以变化，以适合小组的需要。变化游戏就是改变游戏中的角色或规则部分，让游戏符合团体辅导主题的要求。如分析这些游戏的特点和效果，以及你喜欢这游戏的什么环节；然后想想有什么角色或规则可以改变，使游戏更有新鲜感，更符合团队需要。

例如，团体在讨论关于"不被同学接纳"的主题时，为了避免仅在口头上谈论，辅导教师应请所有成员将手臂搭在一起，围成一个紧密的圈，只有一位成员排除在外，这位圈外成员要想方设法采取可行的措施试图冲破这道人墙。这个活动主要是帮助成员实际体验寂寞的感觉并寻求获得他人接纳的方法。

再如，团体讨论"为什么说心灵才是容貌的底片"时，辅导教师先安排了一个"整容"的活动。你对你的容貌满意吗？可能多少有些不太满意。想过做个整容手术让自己美观一些吗？如果有这样的机会，你愿意去做整容手术吗？恭喜你！现在你将有机会获得国内一家整容机构的志愿者免费入场券一张。

请从以下列出的 10 种部位中挑选一个你最需要整容的部位（额头、脸庞、眉毛、眼睛、鼻子、嘴巴、牙齿、下巴、耳朵、头部），选好后写在簿子上。接下来我们一起讨论你的答案。

（1）选择准备整修额头的你，将是一个较典型的生活强者。你心中有远大梦想，不喜欢人云亦云，有坚持自己理念的执着，进取心亦然。你极具行动力，生活上不喜欢浮华不实，不浪费金钱，但有意外积累财富的潜质，不求近利，有长远目光。

然而，现在的你多少有些保守，有时还过于消极而错失良机，有时流于任性与莽撞，以致让他人觉得为难。从现在起保持你个性的前提下，大事多听取过来人的建议，多结识一些比你优秀的人，再放得开一点，成功就会指日可待。

（2）选择准备整修脸庞的你，将是一个较典型的乐天派。你温良、有协调性，苦在心中也不忘笑在脸上，注重家庭生活，喜欢与知心好友聚餐交谈。你人缘不错，积极乐观，笑容可掬，落落大方，颇有爱心。

然而现在的你多少与那些有些差距，你有时显得冷漠、威严、少亲和力，有时还因常做好好先生而吃点亏。你应该从现在起阳光灿烂一点，主动承担一点生活的责任。

（3）选择准备整修眉毛的你，将是一个较典型的职业经理人。你对人爱憎分明，处事沉稳，果断干练，热情有劲，好刺激与变化，遇事都会全力以赴。

现在的你多少有些显得犹豫，爱把自己关在自己的壳子里异想天开，往往凭借第一印象决定对人的好恶，给人冷漠难以相处的感觉。

（4）选择准备整修眼睛的你，将是一个较典型的"万人迷"。你风采照人且优雅有度，有锐利的审美观，对时尚有独到的见解。你目光长远，关心健康和美容，不以平凡为满足。你求知欲强，且具行动力，关注的事多，不拘小节，有享受人生的热情和浪漫。

现在的你多少有些鼠目寸光，想的总比做的多，不善于自我推销，常常因为羞怯而无法把心事表达出来。你对金钱过于追随或过于否认，显得小心谨慎。你应该在语言的表达和行动力上多下功夫，让自己再活跃一点。

（5）选择准备整修鼻子的你，将是一个典型的高效能者。你做事有条不紊，有始有终，礼貌周到但绝不过分。你是识时务的俊杰，对新信息感觉极其灵敏，学习和创造力较强，你会获得长辈和领导的信赖。

现在的你做事会没有条理，对新环境适应性较弱，有时会因循守旧。你应该多去学习新的行业知识，培养自己良好的时间管理习惯。

（6）选择准备整修嘴巴的你，将是一个典型的脚踏实地的组织中的中流砥柱。你务实而重实效，言行一致，表里如一，善于推销自己，勇于承担责任。

现在的你有时会因为闲聊浪费不必要的时间，有时夸夸其谈，好说大话。你现在应该信守承诺，不要过多指责批评别人，别动辄就抱怨，要说关键的话、做重要的事。

（7）选择准备整修牙齿的你，将是一个典型的绅士或淑女。你有自己的个性，喜欢新变化，追求刺激，不喜欢被束缚在框框里。你会赞美人，很宽容，容易赢得别人的喜欢。你永远都是快乐的天使。

现在的你有时会不尊重别人，且妒忌心较强，三分钟热度是你的缺点。你应该学着容忍和感恩，多为别人着想，尝试把一件事做得漂亮和完美，直到成为习惯。

（8）选择准备整修下巴的你，将是一个典型的开拓型人才。你肯定和认可自己，颇有自信，对生活有责任感，积极向上。你懂得珍惜自己的工作和朋友，容易赢得别人的肯定和信任。

现在的你多少有些缺少主见，因而容易被人利用。你应该对自己的事业和家庭做一些规划，多让自己有独立思考的空间，少一些对别人的依赖才好。

（9）选择准备整修耳朵的你，将会是一个典型的时尚权威领导者。你目光长远，有崇高的理想，对目标的达成有独到的见解。你有强烈的求知欲，整合资源的能力特别强，有快速的判断力和行动力，是不容易被困难征服的人。

现在的你多少有些固执己见，容易猜疑别人。你应该修炼包容和影响别人的智慧和能力，多与别人沟通，让周围人理解你从而支持你，达成共同的意愿。

（10）选择准备整修整个头部的你，将是一个典型的行业领袖。你自信和接纳自己，有用不完的激情和干劲。你豁达开朗，永远青春阳光却不浮躁冲动。你懂得珍惜拥有，并能审时度势规划美好未来。

现在的你尽管有着改头换面、脱胎换骨的决心和勇气，但看得出来你的内心时常自卑和消极，你有时会逃避、抱怨，你的贪婪和虚荣是最明显的。其实你很优秀，只要相信自己，懂得去主动争取，让自己快乐和忙碌起来，你的梦想终会如愿以偿。

最后教师总结提炼：我想和你分享的是，不要为自己的外形担忧，最美貌的人也会因为庸俗而令人生厌；整容不是目的，关键是让你知道自己的烦恼、痛苦和需要改善的地方在哪里。如果不照镜子，人们是看不见自己的容貌的，而镜子代表着别人的眼光。只有心灵的容颜永远不会因为岁月的增加而减少。

二、角色扮演

角色扮演是通过学生对角色的模仿、想象、创造、感受、体验与讨论，达到探讨其内在世界，产生宣泄和顿悟的目的。角色扮演的表现形式有角色游戏、心理剧、情境剧、布偶剧、小品表演等；活动中，学生通过角色预期、角色体验、角色行为、角色理解等机制，用表演来了解自己内心的感受，以及对他人的行为做出反应；深入了解真实的情况和他人的感受；在假设不用负责的情况下尝试应对问题，甚至犯错；学习及练习应对问题的技巧，从而使学生获得良好的适应。在进行角色扮演的过程中要尊重学生的自发性，提供一种自由轻松的氛围，实现不同的辅导目标。

（1）引导学习具体的社会技巧，如演讲、面试、人际冲突的应对。

（2）阐释问题、纾解情绪：有时问题的困境在于情绪的压抑与抗拒，角色扮演可以让学生安全地释放情绪。

（3）发展同理心的能力，如扮演重要他人（如父母、兄弟姊妹、同学），通过该角色来与自己对话，以协助学生感受他人的想法。

（4）沟通与表达能力的训练，因为有具体的演出，而不会只流于抽象的讨论，如扮演家庭成员的互动形态来谈亲子关系。

（5）感悟解决问题的要素，在角色扮演中可以具体观察问题的关键，并产生替代性想法。

例如"'我能行'与'我不行'"活动，用角色扮演的方式形象地展示一些学生缺乏自信的具体想法，引起学生的自我反思。

辅导教师先引出话题：有一个学生总是觉得自己做什么事都行，另一个学生却觉得自己做什么事都不行，有一天他们碰到了一起，请同学角色扮演"'我能行'与'我不行'"。角色扮演时要注意学生的年龄特点，尽可能生动有趣。如可以用卡通画做两个头饰，一个愁眉苦脸，上书"我不行"；另一个充满自信，上书"我能行"。

我能行：同学们，你们好，我的名字叫"我能行"！

我不行：同学们，你们好，我的名字叫"我不行"。

我能行：我是一个能干的人，我朗读课文可棒了，经常得到同学的称赞。我会帮爸爸妈妈做家务，我会照顾邻居的小弟弟；我还是一个很喜欢旅游的人，登山、游泳，样样都难不倒我。

我不行：可我什么都干不好，做事总是不会成功。写作业时，总是会有错误；帮妈妈洗碗还不小心打破了一只碗，被妈妈批评了一顿，真不高兴；本来唱歌是最拿手的，可一到台上，心里就紧张，连歌词都忘了……唉，我这人，做什么都不行！

我能行：其实我也有遇到困难的时候，但我总是想，我肯定行，我准能做好这件事！有时候，虽然事情并没有做得很成功，但我想，我已经认真去做了，已经尽了自己最大的努力，所以我仍旧很高兴。（蹦蹦跳跳地下场）

我不行：有时候，我也会得到大家的赞扬，但那又有什么呢？比我做得好的人多的是呢！（垂头丧气地下场）

最后，小组讨论、交流：同学们，这两个学生，你遇到过吗？你觉得自己有些像谁呢？

通常角色扮演的整个步骤如下：

（1）事先向学生解释角色扮演的意义；

（2）说明将要扮演的情景及其特征；

（3）鼓励成员自愿选择扮演的角色；

（4）让学生进行表演，观看的学生保持安静；

（5）合适时机终止表演，让表演者表达自己的感受；

（6）让观众互相交换意见，重演或交换角色；

（7）讨论整个活动的心得体会，学会迁移运用到日常生活中。

三、情境体验

情境体验为辅导的主题提供了模拟的生活场景，即创设生动有趣的具体情境，从情境体验开始，引发学生的情感共鸣。因为人的心理活动或心理问题都是在特定的社会环境中发生和发展的，所以，把来自社会环境、学校环境和家庭环境的各种具体问题放置到类似的环境中再认识，重新进行辨析和调整，有助于学生澄清问题的实质，体会当事人的情感，发现建设性的解决问题的办法，并可以使学生直观地筛选出令人满意的行为模仿标准。

例如辅导教师创设一个情境：有个孩子打破了学校教室的玻璃，想赔偿但又不敢向父母要钱。正在这个时候，他从妈妈的抽屉里找到了几元钱，于是就遇到问题：该不该偷妈妈的钱呢？

挑选角色扮演者时，不要暗示学生应该如何做，而要学生完全凭自己的判断和习惯去做。别的同学观察扮演者的行为。然后让观察者对角色扮演过程做出评论，说明他们的扮演效果是否真实，是否自然，并让大家充分发表意见进行讨论和评价。如有争论，可重新扮演角色，必要时可改变情境或更换扮演者。最后讨论总结，在意见基本一致的基础上明确这种情况怎样做才是正确的。

体现"情境性"时在操作上要考虑以下几点：

（1）情境的选择与描述。在班级团体心理辅导过程中，由教师或者班级同学简单描述一个情境，让其他成员能够清楚地了解问题。

（2）模拟的生活场景的设计要符合学生的年龄特点和生活实际，以引起学生的共鸣。

（3）要注意具体地而不是抽象地呈现问题，尽可能是一个互动的情境，有明确的关键时刻，反应结果是不愉快、不喜欢且焦虑不安的。

四、价值澄清

价值澄清是在辅导教师的安排下，学生通过讨论、辩论等方法利用理性思维和情绪体验来检查自己的行为模式，并把自己的行为模式与他人的行为模式进行比较，解决价值冲突，进而按照符合社会要求的价值观支配自己的言行。在这一过程中要有效地发展学生思考和理解人类价值观的能力。

例如"价值竞拍"。教师先导入：今天各位都很幸运，每人拥有1万元的现金，下面我们一起进入价值商场。先请做出个人购买预算，每种价值基本底价1000元。然后列表给出选项：

（1）学到一技之长（专业地位、成就）。

（2）当一个名人（名声）。

（3）拥有一家企业的老板（经商有成）。

（4）与自己喜欢的人朝夕相处（情感）。

（5）环游世界（休闲）。

（6）在政府机关主管一定的实权（领导）。

（7）帮助孤寡残幼的人（社会服务）。

（8）身心无疾无病（健康）。

（9）拥有早出晚归的安定工作（生活形态）。

（10）拥有相处和谐的工作生活伴侣（家庭、人际）。

让所有成员一起参加竞拍，每次加价1000元，举手以示出价，不接受加价把手放下。

最后分享与讨论：

（1）哪一样你最想买，有没有买到？若没买到，为什么？与你的个性是否有关？

（2）有没有买到你不想要的？为什么？

（3）为什么你什么都没买到？

（4）为什么你要花那么多钱买那一样？

再如经典的"拥有与失去"活动：先请大家写出个人生命中最珍贵的五项事物。这些事物可以是人物，也可以是事件；可以是已过去的，也可以是未来的；可以很具体，也可以很抽象。书写时不必排列次序。

然后告诉大家：由于现在面临一个特殊环境，个人不能全部拥有这五项珍贵的东西，一定要放弃其中之一，待做出决定后，划掉放弃的那一项。学生完成后，再放弃一次，思考后做出选择。

接着再划掉一项，只剩下两项。迫不得已，你还得做最后的选择，只能剩下最后一项。

最后讨论分享，你为什么留下那一项？请你把自己放弃过程中的心理感受以及做出最后决定的想法做一小结和记录。

在这一活动进行的过程中，有人会感到难以割舍甚至痛苦流泪不愿再做下去。其实活动的主题就是协助我们对自己的生命做一反省：生活中什么是最值得珍惜的？你的这种选择虽然会随着岁月的流逝而逐渐改变，也可能在你生活中的某一刻这种优先选择会突然改变，但通过这个活动得出的优先选择都反映着你的价值观念和心灵深处的目标。

价值澄清强调四个关键因素：

（1）要以生活为中心，给学生创设一个两难情境，让学生考虑后果进行两难选择。

（2）让学生对自己的选择进行说明，不必对他人的言行进行评价。

（3）要求进一步思考、反省，并做出多种选择。

（4）培养个人深思熟虑地进行自我指导的能力。

五、行为训练

行为训练指以特定心理特征为目标，通过创设一定的情境，借助多种刺激手段，对人的生理、心理有意识地施加影响，使人的生理、心理状态发生变化，并控制达到最适宜的程度，借以学习并强化适应行为，纠正并消除不适应行为的一种心理辅导与治疗的方法。在班级团体心理辅导中，我们常常采用行为训练的方法帮助学生改变原来不良的行为习惯，习得新的好的行为习惯，这通常是通过教师的示范和班级其他成员的人际互动实现的。其核心理念主要包括：

（1）体验激发情绪——根据所要增强的心理素质设置一定的情境和训练内容，让学生在特定的情境训练中感知认知、情绪、行为等心理的变化。

（2）行为改变认知——在训练过程中进行相应的认知上的调适，并在结束时做总结性点评，使行为训练上升到认知改变的层面。

（3）习惯积淀品质——通过反复训练持续强化和巩固训练效果，使学生养成良好的行为应对模式和认知模式，积淀形成学生必需的基础心理品质。

例如，"勇敢说'不'"活动采用设置情景和角色互换的方式，要求成员互相体会说服与拒绝别人的角色。通过该活动可以让成员体会拒绝他人和被他人拒绝的感受，对自己有个全新的认识，学习如何合理地拒绝别人，敢于坚持自己的原则。操作流程如下：

（1）辅导教师准备好成员角色扮演时用的情景卡片，如当你正在写作业时，同学找你去踢球，缺一个人就可以组成一支球队了；当你在用自己的笔记时，别人来借你的笔记；当你下午答应了帮妈妈做家务，同学打电话来让你去给他讲题；考试过程中，旁边的同学要求抄写你的答案；同学请求你把作业本借他抄；等等。

（2）所有成员随机配对，两两一组，面对面站好。指导者抽取一张情景卡片，将卡片的内容读给所有成员，要求：由组内一位成员扮演请求者，另一位成员扮演被请求者。请求者可以自由地扩充理由，尽力说服被请求者答应自己的请求。而被请求者必须想办法拒绝请求者的请求。

（3）2分钟后，请求者与被请求者交换角色，重复前面的角色扮演。在交换角色后将更换一张情景卡片重新进行角色扮演。

（4）角色扮演后，所有成员围坐成一个圈，指导者引导成员讨论和分享活动进行过程中的感受。

（5）讨论完后，指导者给每位成员分发一份信息单，大家一起讨论学习。然后重新开始角色扮演，练习坚定自信地说"不"。

当别人对你提出请求时，有时尽管特别困难，但你还是会勉强自己，答应他们。很多人难以将"拒绝"的话说出口，这在人际交往和自我成长中会给自己带来很大困扰。请求他人与拒绝他人都需要一定的勇气，尤其拒绝他人时更需要适当的技巧。请求者在被拒绝时会产生一种自我否定的情绪，而高超的交往技巧可以消散这种情绪，使双方明确彼此的界限，促进人际关系健康发展。在被他人拒绝时要学会换位思考，可能对方确实有更紧急的工作要做，他的拒绝只是针对你所提出的事，不是针对你本人的。

能够坚决地拒绝别人不合理的要求，反映出一个人拥有足够的自信心。说"不"不仅需要很强的自信和勇气，也需要一定的技巧。拒绝他人时不让他人感到难堪，需要在拒绝时注意措辞与态度，要让对方感受到你只是在拒绝他所说的话，并不是在否定他本人。同时，拒绝别人与乐于助人是不矛盾的，我们需要分清楚哪些事情是自己能力范围之内的，而哪些是与自己应该做的事情相冲突的。这是我们应该好好学习的一课。本活动通过设计场景，让成员在虚拟的情景中练习如何说服和拒绝别人，从而不用担心有负面的结果出现。这种练习可以让成员看到拒绝别人和不同拒绝方式所产生的后果，同时学习并练习如何合理地拒绝别人。

六、绘画疗愈

绘画疗愈是表达性艺术治疗中的方法之一，是用非语言的画面表达自我潜意识的内容。人类从数万年前的原始社会开始，就懂得以画画的方式记录生活、表达想法，也通过画画来探索世界和自我。这是一种从本能生发的行为，也是人类比之于动物的一种特性和优势。所以，画心理画可以说是一种回归本源、超越语言和文字限制、拨开杂念看清情绪本质的疗愈方式。有什么不开心的事，把你的心情画出来，让自己的内心得到安顿，你就能重新找回开心的心情了。画心理画除能够表达情绪，画画过程的专注投入也在一定程度上促使我们转移对情绪伤害的关注，投入到心流之中，获得更多积极情绪。

常用的有：自我画像、家庭树、理想画、房树人心理投射、曼陀罗心理绘画等。绘画不但可以帮助个体心灵成长，更能疗愈自我、沟通自我。在涂抹中，你不需要担心自己说错话而伤害他人或被误解；你自己和自己在一起，重新经历那个事件，宣泄负向的情绪，整理自己的内心；通过描画和感受心理画，我们可以更加深入地觉察自己的情绪并将它们表达出来。而一旦情绪能够被准确地命名和表达出来，它对人的伤害也就减弱了。画画的过程，还会帮助你找回控制感，减少混乱，发现能够帮助自己的资源。

例如，辅导活动"用画笔涂抹心中的伤痛"，先让学生闭上眼睛，放音乐。让学生通过冥想，慢慢地进入生命中曾经的创伤。然后睁开眼睛，选一支可以代表自己的彩笔，把笔尖对准桌上的茶杯——这个创伤对你影响越大，笔尖就离茶杯越近。

然后引导学生操作："现在，请拿出第一张白纸，选择一种自己喜欢的颜色，用平时你不用的那只手，任意涂鸦。"

"请拿出第二张白纸，用你平常用的那只手，选择你喜欢的颜色任意涂鸦。"

"现在，请拿出第三张纸来，选一种颜色，画一条生气的线。""选一种颜色，画一条平静的线。""再画一条倒霉的线。""再画一条高兴的线。"

"每个人的纸上，都有了四条颜色不一的线。大家相互看看，原来每个人的'生气'和'高兴'是那么不同！"

"拿出第四张纸，选一种颜色，画出一个图形代表那件事情。"

"把第五张纸铺开，想到那件事情时，如果你可以用色彩、线条和图形来呈现，你会如何去画这幅图？"

"请你看看这幅画，然后闭上眼睛，在心里回想这幅画的每一部分，它让你想起什么？它在说什么？如果你觉得还有些东西要说，请把它们画在上面。"

"请在小组中用第三人称来分享你的画，告诉大家，你的画在表达什么样的感受？什么样的想法？如果你没有准备好，也可以选择不说。"

"拿出最后一张纸。如果有智慧老人现身，让你更有力量来面对这件事情，你会怎样来画一幅新的图画呢？"

在面对危机和创伤事件时，语言的诉说有时是非常困难的。而图画是另一种诉说，它可以表达那些无法用言语表达的情绪。通过体验无设限的绘画而自由表达自己，疏导压力与不安带来的能量流动阻塞，倾听自己，观看内在的自己，某个事件对人的影响被重新建构，正向的能量就会上升。画画过程的专注投入也在一定程度上促使我们转移对情绪伤害的关注，投入到心流之中，获得更多积极情绪。

七、团体沙盘

沙盘疗法作为一种心理临床技法，让来访者在有细沙的特制沙盘中随意摆放玩具，从而构成沙盘作品。咨询师陪伴来访者完成作品的制作，通过与来访者对话，在理解作品象征意义的基础上，体验来访者的情绪情感，以促进来访者的心理发展与变化，从而达到自我疗愈的目的。

团体沙盘是团体成员在咨询师的陪伴下，轮流进行沙盘的摆放，在经过限定的轮数后，团体成员最终共同完成一个沙盘，然后在咨询师的引导下讨论交流摆放过程中的所思所想。摆放沙盘其实是集体共同创作一个作品的过程，不同人对同一作品会有不同的理解，但每个人的动作在沙盘游戏中都是平等的，因此可以很容易看出不同团体成员的合作模式。

团体沙盘，每个人都是没有防御的，在游戏过程中，可以体现出每个人真实的反应和态度，对于人际关系的提升有很大的帮助。当别人摆放的景致与自己设想的景致不同时，有些人会选择在沙盘上划分地盘，挪走别人放在自己地盘上的玩具，拒绝别人闯入自己的空间，也有人会选择与他人的景致协调共处，保证整个沙盘作品的和谐性与整体性。

有了共同创作作品的经验，团体成员将能够感受到，如何更好地处理摩擦与矛盾，如何包容对同一事物的不同理解，并且增强团体归属感，让个体感到被理解、被接纳。在沙盘疗法中，其治疗机制可以概括为三点：

（1）愉悦体验。制作沙盘的过程和玩游戏很类似，来访者触摸着柔软的、凉凉的、细细的沙子，自由地组织沙子和玩具的摆放。看着玩具架上摆放着成百上千的玩具，来访者仿佛回到了小时候，可以像个不受拘束的小朋友一样，尽情挑选自己的"玩具"，创造属于自己的作品。并且，整个过程也不会受到任何的评判，所有的操作和设置都会被咨询师全然接纳，所以你可以尽情地、安全地进行创作和表达。

（2）表达情绪，释放无意识。在摆放沙盘的过程中，来访者可以在受保护的空间里尽情地宣泄自己的情绪。可能你很焦虑当前的工作进度，可能对亲密关系感到困扰，甚至可能会恐惧潜在的疾病风险和死亡，在沙盘世界里，都可以用玩具表现出来。更重要的是，沙盘作品所呈现的不仅是你能意识到的部分，它还能呈现你心中被忽视或是被压抑的无意识的部分，即"将无意识意识化"。

比起会被注意到的意识，无意识对个体的行为和态度具有更强大的控制权，只有实现意识和无意识的整合、平衡和转化，个体才能成为一个完整的人。沙盘的摆放能够促进个体的意识与无意识的持续对话，并将深层的内心世界通过具象的方式生动地呈现出来。

（3）重建内心世界。在制作沙盘的过程中，我们不仅是在表达和记录内心世界，也是在重塑和改变内心的框架和秩序。通过玩具的摆放、沙子的堆积，我们可以直接用象征着精神世界的这个物质沙盘去改变精神世界，调整内心的思绪和情感。并且，我们不仅能在制作单次沙盘中塑造内心世界，我们还能在跨越多次沙盘的历程中，不断地重建着对重要的人和事物的看法。

例如，在连续几次沙盘中，可能一位刚失恋的来访者都会用同一个动物形象来代表自己的前任，但在不同次的沙盘制作过程中，这个动物的位置可能从沙盘的中间移到了沙盘的边缘（沙盘构图始终是中心对称的形式），这可能就代表来访者正在逐渐走出失恋的阴影，放下前任。在这个不断重塑的过程中，与生俱来的自愈动力是基础，自我认识、自我调节的过程是方式，来访者通过玩具的摆放和变化，应对和解决内心的矛盾、创伤等，实现心灵的治愈和人格的成长。

第三节　班级团体心理辅导的活动示例

在团体辅导课中，学生的发展不是外力强加的，而是通过主体的活动主动实现的。为了有效地利用团体动力，引发学生在团体中互动和成长，必须要精心设计一系列团体活动。一个好的活动设计往往可以激活整个团体，让学生将各种潜在的成长困惑都呈现出来，而各种解决问题的方案、策略、观点也会从团体中一个又一个地产生。同时，恰到好处地使用团体活动，还可以增进团体的活力与趣味性，引发团体成员情感及参与讨论的积极性、吸取多种资源，获得经验性学习的机会。

一、团体初始阶段的活动示例

班级心理辅导课成败的关键在于班级气氛是否和谐，学生是否愿意积极投入所探讨的话题，学生间是否互相信任，学生在团体中能否打消自己的防卫心理，使团体成员在活动中放下紧张、焦虑和不安的情绪，不知不觉中融入团体。而这一切，与团体暖身期的活动设计与实施有直接的关系。因而，团体初始阶段的活动环节的设计非常关键，好的设计能够紧紧吸引住每一个团体成员，凝聚团体成员的向心力，催化团体内在气氛，使每个成员专注于本次团体活动的目标和方向。

【示例1】激情节拍

活动目的：激发成员热情，加强团队融合，释放自身能量。

操作流程：

（1）以小组为单位，所有人围成一个圆圈，人与人之间保持半臂的距离，所有人面向圆心脚不动，先向左转身拍一下左边人的肩膀同时报数"1"，然后向右转身拍一下右边人的肩膀同时报数"1"，最后回到中间面向圆心击掌1次同时说"我"；接下来向左转身拍2下左边人的肩膀同时报数"1、2"，然后向右转身拍一下右边人的肩膀同时报数"1、2"，最后回到中间面向圆心同时击掌2次。

（2）直到最后回到中间面向圆心击掌6次，同时说"我们是最棒的"；报数结束，说完"我们是最棒的"后一起跳起来大喊一声"耶"结束，挑战完成。

（3）比赛时要求所有人节奏必须在一起，有人动作做错或者报数报错都算挑战失败。

（4）比赛时拼的是挑战完成的用时。如果过程中出错需要重新开始，但时间不会重新计时，需要大家赶紧重新开始。

【示例2】进化论

活动目的：打破原有的人际圈子，更广泛地与他人进行交流。

操作流程：

（1）先和学生讨论进化论中出现的进化种类，例如，鱼类—两栖类—爬虫类—鸟类—哺乳类—人类，依次分成组，决定增减种类的数目。

（2）向学生征求各类动物的代表动作。

（3）请学生就近找人猜拳，皆以鱼的身份为始，赢者进化，输者退化。

（4）再以猜拳后的新身份，表演代表动作，继续寻找同类猜拳。

（5）约进行2分钟后，停止活动，同类为一组。

（6）若每组人数有差距，再征求自愿者进化或是退化，直到每组人数达到约略相同为止。整个活动控制在10分钟以内。

【示例3】小人、老虎、枪

活动目的：带动学生参与活动的气氛，激发他们参与活动的兴趣。

操作流程：

（1）教师示范猜拳的手势：小人（竖大拇指）、老虎（蜷曲大拇指和食指），说明游戏方法与"石头、剪子、布"相同，"小人"胜"枪"，"枪"胜"老虎"，"老虎"胜"小人"。

（2）给学生1分钟时间两两练习。

（3）提高难度：请学生同时用两只手与对方猜拳，而且两只手必须出不同的手势，以右手为主，右手赢的人是胜利者。

（4）输的人必须跟在赢的人后面，而赢的人则继续去找其他的胜利者挑战，输了不但自己必须变成赢的人的尾巴，原先的部下也要改跟新的胜利者。

（5）两次猜拳组合成4人，三次猜拳成6~8人，即可结束活动，小组自然分成。

注意事项：教师需随时观察活动进行的状况并维持秩序，并给分组人数不均的小组做出调整。

【示例4】默默无言找朋友

活动目的：交往互动，活跃气氛，锻炼学生的非言语沟通能力。

操作流程：

（1）扑克分组。每位同学将分到一张扑克牌，拿到牌后记清楚牌的号码，然后放入口袋，不能再看。

（2）根据牌的花色寻找队友，然后按照牌的先后顺序分四列站好。整个过程不能出声，违者将视为违规。

（3）验证结果。对刚才违反规则、队列中出错的同学进行惩罚。惩罚措施是大声喊出一个口号"我是最棒的"，让学生喊出自信，锻炼他们的自信心。

【示例5】左顾右盼

活动目的：活跃团体气氛，打消防卫心理。

操作流程：

（1）全班学生围成一个圆圈，如果场地较小，也可以围成两圈，里外各一圈，内外圈学生相向而立。

（2）每个人伸出右手，将掌心向下；再伸出左手，食指向上。将左手食指顶住你左边同学的右掌心，而你的右手掌心与你右边同学的左手食指尖相接触。

（3）辅导教师可以设计一段引导语，话里面会间隔出现"××"两个字，当教师一说到"××"这两个字的时候，学生便用自己的右手掌去抓旁边同学的左手食指，而自己左手的食指则争取快速逃脱，不让别人的右手掌抓住。

【示例6】志趣相投

活动目的：帮助新班级成员在一种轻松的氛围中积极地认识新朋友。

操作流程：

（1）发给每一个人一张"志趣相投"卡片，先圈出最符合自己主要特征的那一张。

（2）让学生拿着卡片在教室里随便走动，去寻找符合自己志趣的同学，请那个同学在符合要求的格子里面签字（每个人可能有数项符合，但只需在最符合自己的那个格子里签名）。

（3）根据教师发出的信号，请相同志趣的同学聚在一起，相互熟悉一下。

【示例7】青蛙跳水

活动目的：活跃团体气氛，降低防卫心理。

操作流程：

（1）6人一组，各组围坐成圈。

（2）每小组由一名主持人开始说："一只青蛙——"第二人："一张嘴！"第三人："两只眼睛——"第四人："四条腿！"第五人："扑通扑通——"第六人："跳下水！"

（3）继续下个人紧接："两只青蛙——"再下一个人："两张嘴！"再下一个人："四只眼睛——"再下一个人："八条腿！"再下一个人："扑通扑通——"再下一个人："跳下水！"……如此层层将数字叠加上去，直至某一成员出错，再从头开始。

【示例8】雨的来去

活动目的：在环境气氛营造下，做潜层的感官知觉练习。

操作流程：

（1）以训练员为圆心，所有学员围成五个同心圆并面对训练员。

（2）由训练员示范以下动作，告知伙伴将要开始经历雨的来去。

手掌相互摩擦（下雨之前的风声）。

手指交互拍打（开始有雨滴）。

多指一起拍打（毛毛雨）。

拍打大腿（下大雨）。

拍打胸口（下暴雨）。

（3）示范完后请学员操作练习一次，每个动作依序由最内圈向最外圈传递。

（4）请所有学员将眼睛闭上，保持静默，再由训练员从圆心开始将1~5的动作向外圈传递，等所有声音停止，再让学员睁开眼睛。

分享重点：

（1）张开眼练习与闭上双眼时感受有何不同？声音与视觉的差异如何？

（2）在生活中自己是否曾因为擅长运用某些技能，因此忽略了一些既有的能力？在人际关系上会造成影响吗？

（3）过程中你的专注力是向外还是向内？除既有的动作声之外，还听到了其他的声音吗？

（4）过程中声音是此起彼落，还是整齐划一？你又是如何掌握团队的节奏的？在这个活动中，团队默契是如何形成的？

此外，音乐暖身时，播放学生喜爱的歌曲，选用与辅导主题密切相关的流行歌曲引发学生情感，对将要讨论的话题有所准备，也是一种常用的热身方式。例如，某个高三班级在临近高考时开设的一堂班级团体辅导活动课，从一开始就播放了张雨生演唱的《我的未来不是梦》，立即打动了全体学生的心。在这样一个特定的时间和情境里听到这首歌，仔细品味歌词的隽永含义，学生内心定是激情涌动、感慨万千，因而这首歌为整个团体辅导过程创设了良好的情感氛围。

二、团体过渡阶段的活动设计示例

心理辅导活动课的过渡阶段，是创设情境、提出问题、激发成员探索成长困惑的欲求、逐步催化团体动力的过渡时期。这一阶段活动设计的重点是：以形象具体的方式提出某个被团体成员共同关心的问题，引出团体成员中不同观点和不同的认知方式、行为方式的碰撞和冲突，催化团体动力。

【示例1】你了解自己吗？

活动目的：自我探索，自我了解。

操作流程：

（1）分成8人小组，下发每人一张"自我探索"练习表，如表2-1所示。

表2-1　"自我探索"练习

请你认真思考，填写下面问题：
你最欣赏自己的2~3项：
你生命中最重要的2~3人：
你记得童年最开心的一件事情是：
你在学习或工作中最有满足感的一件事情是：
如果危机降临你身上，你生命只留下十几个小时，你最想做什么？
现在是50年后，你从空中眺望此处，你的感受是：
200年后，你希望别人怎样评价你、记得你？
你现在最想送给自己一句什么话？

（2）填写完毕，在组内分享交流。

【示例2】铅笔盒的风波

活动目的：创设情景，探讨问题。

操作流程：

（1）情景表演：下课铃响了，孙晓波有事快步走出教室，感觉手臂无意中碰了一下别人的课桌，因为教室过道里人流拥挤、人声嘈杂，他未察觉自己已经不小心碰掉了张明放在桌子上的铅笔盒。张明嘟囔着捡起铅笔盒一看，发现已经有些变形了，他心里很不高兴。过了一会儿，孙晓波又回到教室。

张：嘿！孙晓波，你这个人怎么搞的，没长眼睛呀！把我的铅笔盒摔到地上了！

孙：你才没长眼睛呢！我又不是有意的，再说，是我碰掉的吗？可别诬陷好人哪！一个小小的铅笔盒，有什么大不了的！

张：怎么，摔了人家的东西，你还嘴硬，你这个……

孙：你这个……

（2）表演完毕，学生分组讨论下列问题：

①假如你是张明，你会怎么想、怎么说、怎么做呢？

②假如你是孙晓波，你又会怎么想、怎么说、怎么做呢？

③在我们的生活中，类似这样的矛盾冲突一定很多，请在小组里和大家分享几个事例。

【示例3】个性名片

活动目的：把自己最想与他人交流的信息简洁地表达出来，在这个过程中学会肯定自己。通过"个性名片"的交流，让学生进一步认识自我，并较为客观地了解他人。

操作流程：

（1）辅导教师发给每位学生一个空白的胸卡，彩色笔若干。

（2）在5分钟时间内，每位学生为自己设计一张"个性名片"，插入胸卡内。

（3）"个性名片"要求：其一，不少于5条个人信息。其二，除文字外可用图形等多种形式表示，可以是抽象、含蓄的，但要求是个性化的。

（4）小组交流，集体分享。主持人发现典型名片要进行交流并重点提问，深入挖掘个性特质，帮助当事人进一步了解自己。

【示例4】我演你猜

活动目的：通过角色扮演，使学生体验到他人的感受，强化对别人情绪的关注，从而更好地管理自己的情绪；通过活动让学生了解情绪的类别及健康情绪。

操作流程：

（1）教师准备六张"情绪卡片"，卡片上分别写上"喜、怒、哀、惧、爱、恶（厌恶）。

（2）让自愿上台的学生随机抽出一张卡片，用面部表情、肢体动作等非语言信息表达卡片上所写的情绪，表演过程中不能说话。其他人观察、识别表演者到底处在什么情绪状态、要表达什么情绪。

（3）请出六位同学表演六张"情绪卡片"上所写的内容。

（4）组织学生讨论：情绪有好坏之分吗？为什么？我们考试成绩不如意时产生了羞愧、内疚的情绪，背后所传递的真正信息是什么？

【示例5】翻叶子

活动目的：从具有挑战性的活动中，学习问题决策与团队互动，增强团体的凝聚力。

操作流程：

（1）整组人员站上"叶子"后，由辅导教师开始宣布活动规则：所有同学现在是一群雨后受困的蚂蚁，在水面好不容易找到一片"叶子"站上，却又发现"叶面"充满了毒液，除非大家可以将"叶子"翻面，否则又将遭受一次死亡的威胁。而且"叶子"成功翻面以前，每隔3分钟，就有一人中毒失明（或无法说话），中毒者由团队自行决定，并将其戴上眼罩，中毒者的安危由团队共同负责。

（2）整个过程都站在"叶子"上，包含活动中的讨论。所有人身体的各部位均不可碰触到"叶子"以外的部分，否则重来。

（3）各组群策群力开始"翻叶子"。

任务结束后的分享重点（辅导教师可根据学生年龄特点自行修改）：

（1）你觉得任务完成的关键是什么？

（2）决策是如何形成的？活动中的关键人物是谁？他扮演什么角色？

（3）在活动中，当人我之间失去了适当的距离时，对人际关系有帮助或影响吗？

（4）在参与团队决策过程中，你所处的位置与参与程度有什么关联性？和现实生活中的你相似吗？

（5）团队是如何决定出中毒者的？依据什么判断？被选中者的心情怎样？团队是如何对待中毒者的？

（6）在活动中，当某些人出现特殊状况时，团队是否适时照顾到当事人的感受？曾提供过哪些协助？

注意事项：教师要注意做好准备工作，并加强对具体细节的组织与指导。

【示例6】带球穿越

活动目的：增强团队之间的协作意识，使团队成员之间的配合更加默契，从而使整体的效率得到快速提升。

操作流程：

（1）每组一个呼啦圈和两个篮球，要求每个人手拿篮球，钻过呼啦圈，其间篮球不能掉下来，也不能碰到呼啦圈，以最快完成的为优胜组。

（2）可以给出5分钟的练习时间，然后各组分别报出对于本班完成任务的预期时间。

（3）第一次比赛结束后，每个组对照一下他们的预期与实际情况的差别，并讨论这种差别产生在什么地方。

（4）重新开始新一轮训练，看看这次大家是否有所改变。

讨论与分享：

（1）实际和预期时间的差别产生的原因是什么？

（2）预期和现实总是有很大的差距，有时候你想象了一件事，但一旦做起来就是另一回事了，可能比想象的好，但大多数情况下，是比想象的坏，这需要我们做好心理准备，应付任何突发事件和不利因素，保证工作的完成。

（3）团队的成员为了团队的利益和目标而相互协作，具体表现为团队的凝聚力、团队的合作意识和团队的高昂士气。团队的关系，主要表现为高度的协作性和共为一体的特征，协作性建立在高度互信的基础上，互相协作才能互相进步。

【示例7】家庭雕塑

活动目的：探寻人生背后的自我，认识和处理你的未完成情结。

操作流程：

（1）请成员根据对自己家庭的认识，让小组成员配合参与，雕塑出现在的家庭，或成长过程中原生家庭的一个场景。（完成后拍照）

（2）小组成员观察家庭雕塑的特点后谈自己的发现和感受。

（3）引导成员围绕以下问题展开家庭关系的讨论：对你影响最大的人是谁？其人格特质你是否喜欢？你自己是否具备这样的特质？你希望自己改变哪些人格特质？你希望自己再拥有哪些特质？

【示例8】团队建设

活动目的：团体形成初期，成员需要相互接触、相互了解，以逐渐建立相互信任、相互接纳的关系，减少防卫心理，形成对团体的共同期望，在以后的活动中，团队互相配合、支持、协作，增强团体凝聚力。

操作流程：

（1）8~10人一组（男女混搭）组建团队，要求每个组在15分钟的时间内给自己的小组取一个队名，确定团队口号、队歌，设计一个团队创意造型。

（2）完成任务后，各小组进行展示，每个小组说出队名、口号，一起唱队歌，摆出自己小组的造型，并阐释自己小组造型的含义。

三、团体运作阶段的活动设计示例

这一阶段活动设计的重点是：设置中层强度以上的互动活动，以继续催化正向的团体动力；针对团体目标，有序地设计为达到目标、满足学生成长和行为改变而开展的活动。这一阶段是心理辅导活动课具有实质性意义的工作阶段，活动设计尤为重要，教师可综合运用团体讨论、创意思考、联想活动、辩论活动、角色扮演、体验活动、回馈活动等形式进行。

1. 团体讨论

团体讨论是心理辅导活动课达到目标的一种主要形式。不管团体辅导中采用何种多姿多彩的活动形式，只要进入实质性阶段，就必然会使用讨论的方式，否则无法使成员之间充分沟通，并达到统一。所以，教师要有意识地增加活动与讨论的成分，让学生在活动中真正有所体验和感悟，并在分享体验的讨论过程中，感受心灵的交流，提高自己的观点选择能力，领悟生命的意义和存在的价值，让心灵充满阳光，更加自信、从容地成长。

在运用团体讨论时，辅导教师要注意以下问题：

（1）讨论主题必须是成员感兴趣且有能力处理的问题；

（2）鼓励自由表达，而非限制不同的观念；

（3）赋予所有成员满足自我需求的机会，而非满足少数人的个别需求；

（4）提供安全的心理环境，鼓励合作，而非增加猜疑、不安和恐惧；

（5）建设性地运用冲突，而非由冲突导致团体分裂。

【示例1】洞口余生

活动目的：认识自己的目标及自己将来对社会可能的贡献。

操作流程：

（1）介绍背景：有一群学生到郊外旅游，不幸遇到泥石流，全部被困在几米深的地下。但是有一个出口，只可以通过一个人，而出口随时有倒塌的危险，谁先出去谁就有生还的希望。

（2）每组围圈坐下，留出一个出口。

（3）每个人说出自己求生的目的及将来可能对社会做出的贡献，然后大家决定逃生者的顺序。

讨论与分享：

（1）每个人能否说出自己将来生活的指向。

（2）听了别人的意见后，自己是否愿意修正原有的想法。

（3）小组以什么为标准决定逃生者的顺序。

【示例2】636脑力激荡法

活动目的：突破常规，问题解决。

操作流程：

（1）6人一组，每人一张纸，选定议题："怎样才能上课时集中注意力？"小组中一人记录。

（2）在第一个3分钟，每人写3个点子，然后传给右边的人。

（3）在第二个3分钟，你看了别人的点子后，受到什么启发，想出了什么点子，或者你特别赞同别人的哪一个点子。

（4）根据大家的讨论，一起归纳有哪些方法可以帮助我们在课上集中注意力。

感悟与分享：在活动中你有怎样的感受？你学到了什么方法？

【示例3】携手共进

活动目的：鼓励成员提出困扰和彼此挑战，群策群力，激发个性潜力，共同收获。

操作流程：

（1）你的难题我来解。辅导者发给成员每人一个信封、若干张纸条，在信封上写上自己的姓名。

（2）将当前自己最困扰、最想得到帮助的问题写在纸条上，每张纸写同样的问题，并且留有足够回答问题的空间，每张纸上写上姓名，并把写好的纸发给小组每一位成员。

（3）每位成员拿到他人的问题后，认真思考，根据自己的经验及体会，怀着真诚助人的心情，以自己独特的方式回答，没有对与不对之分，把自己对某一问题的真实看法写出来，回答者不用署名。

（4）信封放在地上。回答完毕，每个人把自己的回答放到成员的信封里。每个成员取回自己的信封，抽出回答，一一阅读，每人谈自己阅读完他人意见后的感想。

2. 创意思考

创意思考指辅导教师营造温暖接纳、鼓励尝试和创新的班级气氛，让学生通过各种辅导活动，发挥其创造潜能，因而在认知方面表现出更为流畅、变通、独创与周密的思考方式；在创意方面表现出更富有好奇心和想象力、能勇于接受挑战等特质。

【示例1】创意设计

活动目的：激发团体创造力，增强集体凝聚力和成员的团体合作能力。

操作流程：

（1）组织成员进行分组，根据人数不同，分成小组，每组至少5人。

（2）第一轮：小组成员派一个代表抽出提前准备的26个大写字母中的两个，然后在最短的时间用队员的身体摆出这个字母。

（3）第二轮：小组成员派一个代表抽出提前准备的一个单词，然后用最短的时间摆出这个单词。

（4）感悟与分享：在活动中该如何相互配合？小组的创意是如何形成的？

【示例2】广告设计

活动目的：运用心理学知识设计公益广告，提高广告的吸引力和效力；通过活动让学生展示个人才能，体验群策群力和团队合作精神。

操作流程：

（1）分成若干个小组，每组4~5人为宜，推荐产生一名组长。

（2）每组领取50厘米×60厘米白纸一张，12色水彩笔（粗头）一套。

（3）讲解校园公益广告设计的要求。

主题内容：应与校园生活、社会公益相关，构思合理，体现E时代中学生的精神风貌。

主题形式：题材不限，作品可以是电脑动画、静态广告宣传画、漫画、数码影像。由于时间、材料的限制，要求大家现场完成的是静态平面宣传画。

内容要求：主题突出，形式鲜明、震撼力强，有创新、有力度、有吸引力。

版面要求：画面细腻、美感强，色彩搭配和谐。

（4）20分钟集体完成一张"校园公益广告"，各组派一位同学讲解广告创意。

注意事项：①辅导教师在讲完创作要求后，可以拿一些经典的"校园公益广告"实样进行启发和引导，便于学生能在短时间内完成高质量的创意构思。②暗示学生运用小组表演的形式，宣传本组创作的"校园公益广告"，这样可以大大提高广告效应。

在组织"创意思考"活动时，辅导教师要注意：

（1）创设民主的辅导氛围，悦纳学生不同的意见。

（2）设置开放性（无单一答案）的问题。

（3）允许学生有经历错误的权利。

（4）多用鼓励的方法以增强创造动机及表现等。

【示例3】一支铅笔的用途

活动目的：通过"头脑风暴"，积极思考，彼此启发，克服思维定式，开拓视野，丰富想象力。

操作流程：

（1）把全班学生分为若干个6~8人组，小组成员在5分钟内讨论：一支铅笔可以有多少种用途，讨论结果记录在纸上。

（2）全班交流，在交流的基础上，小组成员将可乐瓶用途归类。

团体讨论中常常会运用"脑力激荡"的方式展开，每组在辅导教师给定的时间内就某个题目发表意见，辅导教师宣布规则：一是不评论他人的意见正确与否；二是尽可能多地出主意；三是争取超过别的小组，辅导教师给定题目，如"怎样完善自己的个性""生活中的自信表现"等。宣布开始后，每个小组派一人记录，其他人出主意，互相启发，集思广益，列举各种可能的办法。然后每个小组把自己的意见贴到墙上，选一位代表解释这些方法。全体成员一起评论，看哪个小组办法最多，可以评出"幽默奖""实用奖""有趣奖""认真奖""好主意奖"等。通过评比，帮助成员找出在生活中最适合和常用的办法，拓宽思路，群策群力，依靠集体的力量，获得解决问题的方法。

【示例4】即兴小品

活动目的：通过趣味十足、极具挑战性的活动，激发学生的创新思维和创造力。

操作流程：

（1）小组现场准备一个小品。即兴小品参考题：父亲、儿子与驴；梁山伯与祝英台；新白蛇传；包公断案；秦香莲传奇；等等。

（2）小组成员即兴表演。

（3）评选最佳创意组、最佳表演组、最有人气组、最有趣味组等。

【示例5】建超威纸桥

活动目的：激发创造思维，培养团队合作意识。

活动流程：

（1）每组领取A4纸10张，胶带一卷，剪刀一把。在规定的时间内利用材料设计一座纸桥模型。形状不限，跨度不小于10厘米，并能承载一定重量。

（2）每组要派出一位代表来解说该组的建桥过程。

（3）感悟与分享。

①你们组的创意是怎么得来的？

②在小组合作过程中大家的协调程度如何？

【示例6】时装设计展

活动目的：分工合作、培养动手能力，激发创造力。

操作流程：

（1）每组5~6人，其中，1名模特、1~2名设计师、3名裁剪师，领取A4纸20张，旧报纸20张，透明胶带、双面胶带各一卷，剪刀一把，彩笔一盒。

（2）各组在30分钟内以报纸为材料设计制作一款环保时装。

（3）模特走台展示，设计师介绍设计过程、时装特色。

（4）大家对各组完成情况评判。评出最佳新颖性、观赏性、实用性等小组。

【示例7】创意设计

活动目的：激发团体创造力，增强组员的团体协作能力。

操作流程：

（1）小组成员派一个代表抽出工作者提前准备的26个大写字母中的两个，然后用最短的时间摆出这个字母。

（2）小组成员派一个代表抽出工作者提前准备的一个汉字卡片，然后用最短的时间身体摆出这个汉字。

3. 联想活动

联想活动所依据的是心理测验中透射测验的方法，它指通过团体互动，在自由联想的过程中，降低学生的自我防卫心理，让他们自由表达内心实际的想法，表现自己面临的困惑问题，以便进一步加以探究。联想活动主要有以下形式：

第一，自由联想。由教师事先准备与辅导主题有关的图片、歌曲、故事或新闻，在辅导过程中加以呈现，然后由各组同学轮流叙述其所联想到的事情或想法，再由组长将本组联想的内容在全班分享，教师做综合点评。

【示例1】编故事

活动目的：训练联想、创造的能力，并培养团体成员间合作的精神。

操作流程：

（1）先将每人带来的图片任意排开。

（2）学生自选图片进行组合，在小组里就所取的图片内容描述成连贯的故事。

（3）小组成员推选出最佳联想故事，在全班分享。

（4）大家评选出"最精彩的故事""最有新意的故事""最离奇的故事"。

第二，故事接龙。教师选择某一个或几个与辅导主题有关的题目，并给出故事接龙的一句开场白，以供各组代表抽签。各组学生抽到题目后，可以有1分钟的时间协调准备，时间一到，则从小组代表开始按照组内成员的顺序进行接龙。每人讲半分钟，时间一到由下一位学生复述前一位同学的最后一句话，然后继续说故事，以此类推。故事情节要求有连贯性，但可以合理想象以增进效果。最后由教师综合学生讲的与书中的故事，从中提出值得进一步探讨的问题。

【示例2】故事接龙

活动目的：①以紧张、刺激、趣味十足的方式，激发听众的想象力和创造力。②因不同的人会把故事结果引向不同的方向，游戏将有效地锻炼听众的快速反应能力。

操作流程：

（1）将全体成员进行分组，每组8人。

（2）请小组成员围坐在一起，大家一起编故事。

（3）游戏规则：请一个人讲一个故事，当故事讲到一半时，其他人来继续创作后来的情节（可以让讲故事的人指定下一个人，也可以按顺序进行）；第二个人发展一些情节后，请下一个人继续创作；每个人的时间限定为1分钟。

（4）鼓励大家创作幽默的情节。有时候，虽然编的故事有些牵强，但也要继续按规则进行。

（5）请最后的人，创作故事的大结局。

第三，语句完成。这是一种可以促进学生对自我进行积极探索的有效活动，它借由学生填写的词句来投射出团体成员对自我的信念与想法。教师事先可以设计一些未完成的句子，打印出来发给每个学生来填写；然后视情况在小组内进行分享，通过团体内的互动，帮助自己找出不恰当的观念或态度，以便改进。

【示例3】我是一个怎样的人

活动目的：促使学生对自己有更清晰的认识，有哪些是自己喜欢的？哪些是自己不接纳的？

操作流程：

（1）完成下列句子（视学生年龄大小写5~10句，或者10~20句均可）

"我是一个_____的人。"

（2）评估一下你对自己的陈述是积极肯定的，还是消极否定的。在每句话的后面标上"＋"或"－"，其中"＋"表示肯定满意，"－"表示否定不满意。

（3）看看你的"＋"和"－"各是多少。如果"＋"大于"－"，说明你的自我接纳状况良好。"－"近一半甚至超过一半，显示你的自尊程度较低。

（4）寻找问题的根源。哪一方面过低评价自己？是什么原因造成的？有没有改善的可能？

在组织学生进行"联想活动"时，辅导教师要注意以下事项：

（1）所提供用于刺激联想的材料应该与辅导主题有直接关联，能够引起学生的广泛联想。

（2）在学生进行联想活动过程中，辅导教师要鼓励学生尽情自由发表看法，不做价值批判，以免阻碍学生参与活动的积极性。

（3）辅导教师要通过联想材料的组合（如语句完成练习）来引导学生的思考方向。

（4）活动后应要求学生对联想活动的内容加以归纳整理，或由教师提供回馈与补充意见，以帮助学生澄清自己的观念。

4. 辩论活动

辩论活动可以协助学生从不同的理论观点看待同一件事情，辩论的过程可以培养学生缜密思考及明晰表达的能力，并获得对问题更为深入的看法。在心理辅导活动课中运用辩论的方式，可以激发学生热烈参与的积极性，能对辅导主题做较深入的探讨，是一种值得推广的方式。

【示例1】E网情深

活动目的：帮助学生辨别过度使用网络的危害，提高学生的自控能力。

操作流程：

（1）发给每个学生一份问卷，请每个学生回答下列问题：

①写出你自己必须上网的10个理由。

②如果你生活中没有网络，将会发生什么事？

③家里人反对我上网的理由有哪些？

④根据你上网的经验，你觉得上网有哪些不利的影响？

⑤相比较而言，你认为上网"利大于弊"还是"弊大于利"？

（2）根据对利弊看法的不同倾向性，将学生分成两大组，开展即兴辩论。评出最佳辩手2人，正方、反方各1人。

（3）教师归纳总结。教师要充分尊重学生的各种不同观点，切勿将自己的价值观强加给学生。

【示例2】角色辩论

活动目的：①认真聆听别人的话，记住别人的想法，这样别人才会相信你。②练习观点的表达。

操作流程：

（1）游戏背景：私人飞机坠落在荒岛上，只有8人存活。这时逃生工具只有一个仅能容纳一人的橡皮气球吊篮，没有水和食物。

（2）人物角色：

①孕妇：怀胎八月。

②发明家：正在研究新能源（可再生、无污染）汽车。

③医学家：经年研究艾滋病的治疗方案，已取得突破性进展。

④宇航员：即将远征火星，寻找适合人类居住的新星球。

⑤生态学家：负责热带雨林抢救工作组。

⑥市长。

⑦歌唱家。

⑧流浪汉。

（3）针对由谁乘坐气球先行离岛的问题，各自陈诉理由。先复述前一人的理由再申述自己的理由。

（4）最后，由大家根据复述别人逃生理由的完整与陈述自身理由充分的人，决定可先行离岛的人。

运用辩论活动要注意的事项有：

（1）辩论题目必须有可辩性，而且双方论点的分配应力求均匀，避免"一边倒"。

（2）汇集资料与合作拟定论点是学生对主题深入研讨的必经过程，教师应加以指导，使辩论过程能够深入主题，达到辅导与教育的效果。

（3）对于辩手在辩论过程中的风度礼仪应加以注意，可列入评分项目，以引导学生培养讲理而不堕入意气之争、辩论而不进行人身攻击之辩手风范。

（4）辩论的输赢不代表观点正确或错误，只是说明其立论、技巧及风度的差别，这一点辅导教师在讲评时应加以说明。

5. 角色扮演

角色扮演在团体辅导中占有重要的地位。它是将人际间的冲突问题，借由其他成员的重新扮演和旁观者的帮助，来分析他们的行为和反应，以获得对该问题的澄清、情绪的疏解、行为的模拟塑造或心智的成长。角色扮演的常见形式有互动角色扮演活动、即兴表演（舞台戏剧、影视剧）、实景角色扮演。角色扮演的目的在于运用戏剧表演的方法，让人发现问题，了解问题的症结所在，进而更好地调整心理状态，解决心理问题。在角色扮演中，人们能亲身体验和实践他人的角色，从而能够更好地理解他人的处境，体验他人在不同情况下的内心情感，同时，反映出个体深藏于内心的感情。

角色扮演还有以下方面的功能：

（1）澄清问题：当人际间的冲突问题以角色扮演的方式演出时，便可以引导主角深入探索自己的行为及其对他人的影响。

（2）纾解情绪：团体成员内心的不满和积压的情绪，通过角色扮演这一不算真实却很安全的情境表露出来，当然可以获得情绪的纾解。

（3）模塑行为：角色扮演也常用作行为的练习，通过由辅导教师或其他学生

45

先行示范的期待行为，再由学生进行情境练习；或是让学生观察数种不同的角色扮演，从中选择最满意的行为当作模仿练习的标准。

（4）成长心智：角色扮演可以超越现实，充分运用想象力以超脱现实的束缚。

角色扮演的注意事项有：

（1）不要限制角色扮演者对其行为的解释范围，以免阻碍深层的探索。

（2）引导观众评估角色扮演者表演的行为并揣摩其意图，而非评估扮演者个人，以免造成人身攻击。

（3）鼓励扮演者现场发挥，做真实自然的演出，而不是事先编好剧本照本宣科。

（4）尽可能让更多的学生参与演出，即使是重复的演出也有利于团体的相互了解。

（5）演出要达到主角能体验到被压抑的行为已经被象征性地演示出来为止，以达到效果。

（6）关键问题呈现之后便可叫停，问题分析以及演员、观众之间的交流才是角色扮演的主要目的。

（7）辅导教师要注意对扮演的行为和问题做总结，以激发学生进行自我改变的信心。

例如，心理剧角色扮演的过程如下：

辅导教师引导：每个人的成长过程中，一定都会有一段印象深刻的独特经历，也许是久久不能解开的心结，也许是无比幸福的喜悦时刻，也许是难以释怀的心理创伤……如果时光能倒回，那段经历又重现眼前，你是否会有新的选择、新的思考、新的感悟呢？

在辅导教师的引导下，同学们纷纷回忆起自己身上发生的独特事情，并且依次与大家分享。故事分享完后，教师发起投票请同学选出最想演绎的那段故事。其中一位同学分享的故事全票当选，也由这位同学作为故事的主角，其余同学作为辅角扮演故事中的其他人物。

明确各自身份后，充当辅角的同学向主角提出关于角色的相关问题，使同学能更好地理解角色，代入其中。演绎正式开始，同学沉浸其中，每位同学都尽力还原故事中角色的语气、神态，最终顺利地呈现了一场属于他们的心理剧。

通过共同绘声绘色的演绎，同学们的关系好像更近一步了，迫不及待地复盘刚刚演绎的过程，"你演绎的语气真的很像真实的角色"。然后，每位同学都分享了自己的感受和收获。最后，通过一个简单的"脱角"环节，教师可帮助同学们走出角色，回到现实。

6. 体验活动

体验活动让学生在活动练习中彼此有身体的接触，体验新鲜丰富的人际互动经验，增加对人际关系及内在感受的觉察。体验活动之后进行团体成员的回馈分享，可以深化活动经验，使活动不至于流于游戏层面，能进一步促进学生的自我觉察。

【示例1】撕纸

活动目的：引导学生亲身体验"单向交流"和"双向交流"两种交流方式的利弊，引发他们思考如何有效地利用两种人际交流方式。

操作流程：

（1）首先，发给每位学生一张8开白纸。然后，辅导教师发出单向指令："请大家闭上眼睛，全过程不许睁开眼睛也不许发问—将纸对折—再对折—再对折—把角撕下来—将纸旋转180度—再把右下角撕下来—睁开眼睛—把纸打开。"

（2）小组交流：你们发现了什么？（学生们会发现，他们撕出来的纸的形状五花八门）为什么会有这样千差万别的形状？

（3）再发给每人一张8开白纸，全班学生重复上述游戏，这次允许学生向老师发问，但是不能睁开眼睛。

（4）感悟与分享：为什么允许双向交流后还存在误差？你从中得到什么启示？

【示例2】沟通方式

活动目的：在人际沟通时注意双方的互动与回馈，只有彼此之间随时保持双向的交流，才能使大家的意见都得到重视，才算是成功的沟通。

操作流程：

（1）2人一组，两两背靠背坐。其中一人述说图上的几何图，另一个人按听到的在白纸上绘图，除了可以要求述说的人再说一遍，不可以问任何问题。

（2）第二轮改换成双向沟通交流绘图。

讨论分享：

（1）当我们只能被迫单向交流时，是否感到不顺畅、焦虑和困难？为什么？

（2）即使是双向交流也会有人出错，分析一下这是为什么。

（3）读图者有哪些有效的表达？有哪些有待改进之处？

【示例3】信任之旅

活动目的：通过助人与受助的体验，增强对他人的信任。

操作流程：

（1）将学生用扑克牌分为A、B两组，A组为"盲人"，B组为"拐棍"。

（2）"盲人"先蒙上眼睛，原地转三圈，使其失去方向感；之后"拐棍"任选一位"盲人"相助，在辅导教师的带领下，按选定的路线，绕到室外，穿越障碍，回到原地。

（3）活动期间不能讲话，不能出声音，"拐棍"想办法帮助"盲人"。活动结束后，成员坐下交流，谈受助和助人的感受。

（4）然后，互换角色，按先前的程序再来一遍。

（5）可供参考的讨论题：作为"盲人"，你看不见后是什么感觉？使你想起什么？对伙伴的帮助你是否满意，为什么？你对自己和别人有什么新发现？作为助人者、伙伴，你是怎样想方设法帮助他的？这使你领悟到了什么？

注意事项：教师要注意场地内不应使用尖锐物体做道具，以确保安全。

创设游戏情境时需要注意：

（1）游戏的选择要有针对性，不能只考虑好玩，使活动变成纯粹的玩乐和游戏。

（2）游戏中应包含问题情境，以利于学生在游戏中得到感悟和成长。

（3）游戏延续的时间不能太长，以免影响中期活动的进程。

【示例4】穿越雷区

活动目的：使学生在亲身体验中懂得互相信任、互相协作的重要性，以增强团队合作精神。

操作流程：

（1）将全班分成6~8人小组。

（2）用纸杯在游戏区内设置很多障碍，在游戏场地的中间有一个用3个杯子垒的杯塔（底部的杯子正放，第二个倒放，第三个杯子盛水放在第二个杯子上）。

（3）每个组选出一个指挥员站在雷区的这一面，他的任务是指导其他被蒙上眼睛的组员跨过雷区。

（4）每次只能有一个人通过雷区，碰到杯塔者为"阵亡"，退出游戏。通过雷区人数最多的小组获胜。

（5）通过雷区的组员可以解下眼罩，在一旁指导，但尚未参加游戏的组员的眼罩不能解下。

讨论分享：

（1）你们在游戏的过程中，指挥员是如何同蒙眼睛的组员进行交流的呢？有什么办法可以改进你们的沟通呢？

（2）在现实生活中，班干部与普通同学之间在完成某一项任务的过程中，是否也有沟通不畅、协调不佳的现象？请举例说明，并讨论解决的办法。

【示例5】我错了

活动目的：使学生认识到勇于认错对团队的合作是非常有意义的。

操作流程：

（1）将全班分成2组，甲组在撤去课桌的教室中间围成一圈参与游戏，乙组坐在四周观察游戏。

（2）游戏组应注意：辅导教师喊"一"时，全体举起左手；喊"二"时，举起右手；喊"三"时，抬起左脚；喊"四"时，抬起右脚；喊"五"时，全体不动。

（3）当有人出错时，出错的人要走出来站到大家面前先鞠一躬，举起右手高声说："对不起，我错了！"

（4）游戏重新开始，一段时间后，甲乙两组对换角色。如此循环，适可而止。

讨论分享：

（1）当你站在中间向大家说"我错了"的时候，内心有何感受？

（2）从这个游戏中，你得到什么启发？

【示例6】口耳相传小秘密

活动目的：本活动用于人际沟通团体训练，使学生领悟：听到的并不代表是正确的，要仔细听，正确及谨慎解读，明白表达，才不致产生误会。

操作流程：

（1）设计一句字字发音非常类似又富有意义的话，即是活动中要"口耳相传"的"小秘密"。

（2）请学生以直排式分组，由最前或最后一人开始传话，并且有时间限制；传话过程中可以有肢体接触，但不可以让其他人听到传话内容。

（3）时间一到，请最后的那一位说出他听到了什么。

（4）小秘密举例："姑姑带着锅子、钩子和鸽子，到铺子里去卖锅子兼卖鸽子。"

注意事项：

（1）在计时的时候，如果每排人数不等，可以分别计时的方式为之，以求公正。

（2）如果不分别计时，可以在时间结束时，由传到的那一位同学起来表述所听到的话。

（3）在时间结束时，也可以请同学先将所听到的写下来，再由辅导教师说出来。

【示例7】生命因助人而精彩

活动目的：体验我为人人，人人为我。

操作流程：

（1）每人一个气球，要求大家在气球上用笔写上自己的名字。

（2）将气球收集起来，放到另一个房间里。然后大家被带到那个房间，要各人分别找到写着自己名字的气球，3分钟后停止。

（3）没有找到的人随便找个气球，然后把气球递给写有名字的人。看看结果如何。

（4）感悟与分享：每个人都疯狂寻找自己想要的东西，但没人知道它在哪里。福气其实取决于周围的人：给予他人想要的，你就会得到你想要的，这就是生命的意义。所以，欣赏别人的长处，才能相互协助、相互支持，才能实现共赢。

【示例8】体验放松

活动目的：体验放松的感觉，掌握自我放松的要领和技巧。

操作流程：

（1）先让学生体验肢体紧张的感觉。体验的顺序依次为手臂部、头部、躯干部、腿部。

手臂部的紧张。伸出右手，握紧拳，收紧右前臂；伸出左手，握紧拳，收紧左前臂；双臂伸直，两手同时握紧拳，收紧手和臂部。

头部的紧张。皱起前额肌肉，像老人那样皱起眉头；皱起鼻子和脸颊（可咬紧牙关，使嘴角尽量向两边咧，鼓起两腮，仿佛在极痛苦状态下使劲一样）。

躯干部位的紧张。耸起双肩，收紧肩部肌肉；挺起胸部，收紧胸部肌肉；拱起背部，收紧背部肌肉；屏住呼吸，收紧腹部肌肉。

腿部的紧张。伸出右腿，右腿向前用力像在蹬一堵墙，收紧右腿；伸出左腿，左腿向前用力像在蹬一堵墙，收紧左腿。

（2）进行想象放松。

播放轻柔的音乐，根据主持人的指导语让学生进行想象放松：

我仰卧在水清沙白的海滩上，沙子细而柔软。我躺在温暖的沙滩上，感到舒服，能感受阳光的温暖，耳边听到海浪声音，感到温暖而舒适。微风吹来，使我有说不出的舒畅感觉。微风带走我的思想，只剩下一片金黄阳光。海浪不停地拍打海岸，思维随着节奏飘荡，涌上来又退下去。温暖的海风吹来，又离去，带走了心中的思绪。我感到细沙柔软、阳光温暖、海风轻缓，只有蓝色天空和大海笼罩我的心。阳光照着我全身，身体感到暖洋洋的。阳光照着我的头，我感到温暖与沉重。

轻松暖流，流进右肩，感到温暖沉重。呼吸变慢、变深。轻松暖流，流进我右手，感到温暖沉重。呼吸变慢、变深。轻松暖流，又流回我右臂，感到温暖沉重。又流进我后背，感到温暖沉重。从后背转到脖子，脖子感到温暖沉重。

我的呼吸变慢、变深。轻松暖流流左肩，感到温暖沉重。呼吸变慢、变深。轻松暖流流进了左手，感到温暖沉重。呼吸变慢、变深。轻松暖流又流回左臂，感到温暖沉重。

我呼吸变慢，变得轻松。心跳也慢，有力。轻松暖流流进右腿，感到温暖沉重。呼吸变慢变深。轻松暖流流进右脚，感到温暖沉重。呼吸变慢变深。轻松暖流又流回右腿，感到温暖沉重。

呼吸变慢，越来越深，越来越轻松。轻松暖流流进腹部，感到温暖轻松；流到胃部，感到温暖轻松；最后流到心脏，感到温暖轻松。整个身体变得平静。心

里安静极了，已经感觉不到周围的一切，四周好像没有任何东西。我安然躺卧在大自然中，十分自在。（静默几分钟后结束）

（3）学生分享体验感觉。

7. 回馈活动

回馈活动指团体成员通过相互提出看法，使每个成员都有机会了解其他成员如何观察他并与他进行互动。经过这样的活动，学生在对于自我领域的认知、消除人际间的猜疑、澄清相互间的误解、增进对自我的探索等方面，皆能获得莫大的帮助。

回馈活动形式各异，但基本程序大致有三步：

（1）决定回馈的主题。

（2）引导回馈的进行，包括要在有建设性的气氛中进行，要使回馈的给予者和接受者双方均感受到安全和自在。

（3）对回馈的评价，包括了解回馈是否达到目标，有无造成伤害，以及必要的补救等。

【示例1】戴高帽

活动目的：让每个学生在小组内轮流接受其他同学对其优点的具体描述，并学习以一种开放的心胸和感激的心情来面对同学的建议。

操作流程：

（1）8人小组围坐，依次请一位同学坐在中间，头上可戴一顶预先制作的纸高帽。

（2）大家轮流说出他的优点及欣赏他的特别之处（如性格、相貌、为人处世），基本规则是只能说优点，而且态度要真诚，不能毫无根据地吹捧。

（3）被称赞的学生说说哪些优点是自己已经察觉的，哪些是以前不知道的，每一个参与者都要注意体验被人称赞时的感受，以及怎样用心去发现他的长处，并在活动结束前与大家分享自己的体验。

【示例2】我说你画

活动目的：让学生感受到口语表达在人际互动中的重要性，并了解口语讯息在输送与接收间可能发生的误差。

操作流程：

（1）教师让学生两人一组，一人担任说者，另一人为画者。

（2）教师发给说者一张印有图案的纸，给画者一张白纸，不能让画者看到图案。

（3）给5分钟的时间，说者仅以口语表达的方式，将手中的图案尽可能详细清楚地描述出来，让画者根据说者的语言信息在白纸上画出图案。

（4）时间一到，说者将图案呈现给画者看，比较所画的和真实图案的差异。

（5）小组分享各自的体会。

【示例3】我的自画像

活动目的：进一步认识自己，展示一个"内心的我"。通过交流，学生读懂你、我、他，促进彼此的理解。

操作流程：

（1）用8~10分钟，每人在白纸上画一幅"自画像"：拿起你的笔，轻轻闭上你的眼睛，先想一想自己是怎样一个人，然后画出可以代表自己的图像。可用任何形式来画，形象的、抽象的、动物的、植物的，总之，要把自己心目中最能代表自己的东西画出来。

（2）小组分享：自己为什么要这样画？为什么这个画面可以代表自己？

【示例4】把勇气植入心中

活动目的：通过将学员认为恐惧的事情写出来，大家经过讨论后认为恐惧是可以克服的，增强大家克服恐惧的信心。

操作流程：

（1）在游戏开始前问学员：在你们各自的生活圈子里，大多数人最害怕的是什么？将答案简明地写在题板纸上，询问大家是否同意这些意见。

（2）发给每人一张由专家列出的恐惧清单。告诉大家，如果信息准确的话，那么大多数人的恐惧都是类似的，觉得进行一场精彩的演说是一项挑战。

（3）展开小组讨论，让学员尽可能多地说出克服恐惧的方法。训导员在旁记录下学员认为有效的方法。

（4）选出相对最恐惧在公众场合发言的学员，让他上台大声朗读这些克服恐惧的方法给大家听。

克服演讲恐惧的一些建议：

（1）熟悉演讲内容。

（2）事先练习演讲内容。

（3）运用参与技巧。

（4）知道参加者的姓名并称呼他们的名字。

（5）尽早建立自己的权威。

（6）用目光接触听众，建立亲善和谐的气氛。

（7）进修公开演讲课程。

（8）展示你事先的准备工作。

（9）预测可能遇到的问题。

（10）事先检查演示设备和视听器材。

（11）事先获得尽可能多的参与者的信息。

（12）放松自己（深呼吸、内心对白等）。

（13）准备一个演讲大纲并按部就班地进行。

（14）保持良好的仪容仪表。

（15）好好休息，使自己的身心保持警觉与机敏。

（16）用自己的方式，不要模仿他人。

（17）用自己的词汇，不要照本宣章。

（18）站在听众的角度看问题。

（19）设想听众是和你站在一个立场上的。

（20）对演讲提供一个总的看法。

（21）接受自己的恐惧，把它看作一件好事。

（22）事先向团队介绍自己。

（23）把你的恐惧分类，看看哪些是可控的，哪些是不可控的，并找出相应的对抗恐惧的方法。

（24）对开场前的 5 分钟要特别重视。

（25）把自己想象成一个出色的演讲者。

（26）多考虑如何应对困难的处境和刁钻的问题。

（27）营造一种非正式的气氛。

四、团体结束阶段的活动设计示例

心理辅导活动课的结束阶段同样需要精心设计活动，它可以为本次主题探索画上一个圆满的句号，并给每个团体成员留下深刻的记忆，激励他们将课堂上的活动体验与课后的生活实践更好地衔接起来。

在最后短短的几分钟里，主要的任务在于概括总结、澄清意义、升华主题，并布置一些课外延伸的辅导练习，以促使学生将讨论的结果、认知的提升加以生活化和行动化。当然，在时间允许的情况下，可以组织一些时间较短的能够营造热烈气氛、增进团体凝聚力、激发学生正向情绪的小型活动，例如，我的收获、我们大家都来说、化装舞会、把心留住、笑迎未来、礼物大派送、大团圆、与活动主题相关的歌曲等。

【示例 1】请在我背上留言

活动目的：总结收获，互道祝福。

操作流程：

（1）每人在背上别上一张白纸，请小组内其他成员每人为自己写一句祝福的话或者建议，不必留名。

（2）如果时间允许，也可以请其他自己认为重要的组外成员为自己写祝福或建议。

（3）写完之后，在小组里坐下来，想一想这次活动中的收获，猜猜别人会给自己留一些怎样的建议和祝福，自己又期待他们写些什么，然后相互帮助取下背后的白纸认真阅读。

（4）分享读后的感想，感谢组内其他成员的真诚。

【示例 2】喊出自信来

活动目的：自我激励，增强自信。

操作流程：

（1）每人写出两句自己最满意的自我激励的口号，然后熟读，默默背诵。

（2）辅导教师带领全班同学在教室里（或室外）列队，队形为"U"形。举起右手，用尽全力把自己的口号喊出来，要大声、坚定、自信，重复三遍，然后全班同学热烈鼓掌。

（3）教师现场小结赠言（根据具体情况拟定）。

【示例3】自我评估

活动目的：①训练学员们评估其行为和态度。②激励参与者检查其能力和成长的情况。

操作流程：

（1）每人发一份资料"衡量你的贡献"：

请根据你认为其与你相符的程度对每一条陈述做出回答，如表2-2所示。

表2-2　衡量你的贡献

①从不 ②偶尔 ③通常 ④一直	如果选择③或④，在"证据"下面给出例子。
①我投入地参加团队的会议	证据：
②我表现出了积极的态度	证据：
③如果我关注某件别人已说过或做过的事，我会直接找那个人而不是与别人谈论它们	证据：
④我能谦虚地听取别人的意见	证据：
⑤我真诚地祝贺别人的成功	证据：
⑥我对自己同意做的事能坚持到底	证据：
⑦我面对非团队成员时能积极地维护我的团队形象	证据：
⑧我愿意分担更多的工作	证据：
⑨如果事实不清楚，认真查清，而不是凭空设想	证据：
⑩我寻找机会让别人成为"明星"	证据：
⑪我不拖延时间	证据：
⑫不管是什么，只要是需要做的，我都主动去做	证据：

对于不符合你的描述，问问你自己：这是我要做的事吗？如果是这样，对此事的行动做出个人的承诺。

（2）参与者在10分钟之内完成。

（3）让参与者以3人或者4人的小组进行合作，分享他们的评估结果，时间为 10 分钟。相互间按以下的每一条陈述给予反馈：

①是的，我对你的评价跟你对自己的评价一样。

②我想，你在这儿低估了自己。比如……

③在这方面，我的经验是你……（肯定的例子）。我想，你如果……你能在这方面为团队做出更大的贡献。

（4）让每个人确定并在团队中分享他（她）在团队做出的积极贡献，以及对个人改进行动的承诺。

【示例 4】拥抱明天

活动目的：了解成员间的感受，对团体效果做客观评价，平抚成员心中的离愁，处理离别情绪，励志鼓励，彼此支持，对未来充满信心。

材料准备：发给每人一张 A4 白纸，圆珠笔一支，心形小卡片，录音机，录音带，唱片或光盘，歌词，宽敞的场地。

操作程序：

（1）我的收获。领导者将纸笔发下，请成员在纸上写下有关团体的感受和体会。如"在团体中我所学到的三四件事""团体中对你最有帮助的经验是什么""你的个人目标完成的状况如何""怎样才能将团体中所学到的运用到日常生活"等。写完后成员分组交流，再到团体中分享。

（2）把心留住。播放轻柔的音乐，指导者给每个成员发若干张心形卡片（根据团体人数），请成员在每张卡片上写出自己所拥有的、所想要的好的特质或东西，一张卡片一样。这些卡片就是成员的一颗心，请成员衡量自己及他人的需要，送给其他成员自己的一点心意。全部送完后，围圈坐下，请每个人谈谈：送礼物的心情如何；为什么送这些"心"，接受礼物的心情如何；你认为送礼物的人的用意是什么；带着这么多成员送的"心"，离开团体后你打算怎样生活。心形卡片代表成员的心愿与期盼，当一个团体成员捧着他人的"心"，更能体验到人间温情。不过，指导者要注意把握团体氛围，不要过分依恋、伤感，而应该充满活力、尽兴。

（3）播放歌曲。全体成员围圈，手搭在别人肩上，随着音乐自由地有节奏地慢慢摇动，并跟着磁带一起唱《明天会更好》，边唱边品味歌词内容。

【示例 5】音乐与意象

活动目的：学生聆听音乐后情绪平静、身体放松。随着音乐声眼前呈现出画面，通过对画面意义的分析，让学生思考和感悟自己的心态。

操作流程：

（1）每个人找一个舒适的座位，闭上眼睛，调整呼吸，头部、双肩、四肢逐渐放松。室内保持安静，关灯，拉上窗帘，播放音乐。

（2）随着音乐声每个人进入一种状态，眼前出现一幅画面……

（3）音乐声结束，大家慢慢睁开眼睛，交流自己的感受。

注意事项：音乐的选择是关键，要选择一些具有空灵感，旋律跌宕起伏，无明显主题的弦乐曲为宜。环境也很重要，周边没有干扰，室内温度适宜、灯光暗淡、座位舒适。指导语也不可忽视，让学生在指导语的引导下，平静地进入状态。辅导教师要认真聆听学生对"画面"的描述，注意捕捉"画面"中的细节要素。

第三章 班级团体心理辅导活动的操作

团体动力标志着团体运作的状况，它与团体心理辅导课的操作实务息息相关。在班级团体心理辅导课上，团体动力主要表现在团体凝聚力、团体气氛、团体活动参与度及成员互动水平、体验深度等方面。团体心理辅导过程中，活动只是一种手段而不是目的，活动的真正意义在于有效地运用团体活动促进团体发展。正因如此，团体心理辅导课在实施中要注重操作原则及技巧的思考和把握。

第一节 班级团体心理辅导活动的操作原则

班级团体心理辅导课在实施过程中逐渐积累了一些运作的规律，形成带有鲜明的本土特色和很强的操作性的原则、要领。钟志农把班级心理辅导活动课的操作要领概括总结为"八重""八不重"。虽然有些方面略感偏颇，如"不重认知""不重书面"等，但仍不妨作为班级团体心理辅导的基本原则来体味。

一、重感受，不重认知

辅导不是说教，不是安慰，不是训导，也不是逻辑分析；辅导是心灵的碰撞，是人际的交流，是情感的体验，是帮助一个人自助的过程。

二、重引导，不重教导

总的来看，心理辅导活动课主要应该是"非指示性"的，辅导过程应该以学生为中心，但也不能排除辅导教师某些必要的指示、暗示和忠告。

三、重目标，不重手段

心理辅导活动课最重要的是把握好辅导理念和辅导目标，如果只考虑形式和手段的新鲜花哨，很可能会导致舍本求末。心理辅导活动课重在创设一种氛围，而氛围的形成是"热身—催化—互动—共振"的渐进过程，实在来之不易。一旦氛围形成，心理辅导活动课就有了一半的成功把握，因此教师要格外珍惜。此时如果不合时宜地插入一段多媒体课件，很可能打断了学生互动的兴致，冲淡了暖意融融的团体氛围，并使辅导过程失去了本来可以达成的流畅感。

四、重口头交流，不重书面活动

这是一种非常简单却又很容易被教师忽视的操作规范，它是辅导过程有没有动态气氛的关键。

五、重真话，不重有无错话

信任使人感到安全，信任才能敞开心扉。说真话难免会有错话，但对学生在成长过程中出现的错话持一种宽容而积极的态度，可强化学生自我向善的意向与努力。团体指导者必须具备三种基本态度，即真诚、正确的同感、无条件完全的接纳。团体辅导者的基本任务是确定良好的气氛，一种对团体成员接纳与信任的气氛，以使每个成员可以不必防卫及隐藏自己，而是可以自由自在地表达自己，这样足以使团体咨询产生效果，并促使当事人的改变和成长。

六、重氛围，不重理性探讨的完美

心理辅导活动课是建立在成员之间相互信任、关心、了解、接纳的基础上，是一种互动的人际交往过程，每个成员的心扉就都是在这种人际氛围中打开的。因此，催化出温暖、安全的团体氛围远比完美的理性探讨重要得多。

七、重应变，不重原定设计

心理辅导活动课面对的是充满动感的学生个体和交互影响的班级群体，辅导现场的团体心态千变万化，教师必须灵活把握辅导活动的发展势头，不可刻板依照原定设计行事。

八、重自我升华，不重教师概括总结

领悟是学生克服心理不适应、促进自身发展的关键，它往往伴有深刻的认识飞跃。在心理辅导活动课中，即使学生的自我领悟还比较幼稚，辅导教师也不可

越俎代庖。

第二节　班级团体心理辅导活动的操作要领

在团体辅导中，领导者具有双重身份：既是团体成员，又是团体领导者。教师在学生团体辅导中发挥主要作用。

一、营造氛围

班级心理辅导活动课成功的关键在于营造一种真诚、和谐、宽松而不庸俗化的团体氛围。构建的技巧在于：教师精心设置活动情境，善于抓住学生反馈中的共性问题，以及教师准确把握学生情感共鸣、心灵共振的团体互动的时机。

二、构建关系

团体心理辅导过程中，辅导教师要注意改变"教育者"的角色定位，不以局外人自居，和学生平等相处，具有"积极关注""真诚""接纳""共情""尊重"等基本态度，使学生感到温暖、安全，从而在团体中真正放开自己，形成相互信任、相互关怀的师生关系和同学关系。

三、关注倾听

倾听是最基本的班级辅导反应技术，是每位辅导教师的基本功。辅导教师要善于全身心地倾听学生的诉说，敏锐地觉察出学生发表意见时的"弦外之音"和"话中之话"，通过澄清、引导、追问、具体化等辅导技术，循循善诱地挖掘学生欲言又止的深层心理，及时捕捉学生闪光的思想和语言，将隐含在学生发言中有价值的事件、经历、体验、感悟、疑问挖掘出来，使之凸现和明朗化，以生成新的、活生生的问题情境，推动辅导过程向深层次发展。

四、催化互动

班级心理辅导活动的目标，主要是在学生的互动中达成的。教师要把关注的着力点放在推动学生团体的互动关系上，其操作要领是改变传统的师生"对峙"的课堂组织模式和座位排列形式，积极使用小组合作学习模式，并使小组活动与全班回馈有节奏地、流畅地组合起来。互动的最终目的是达到团体成员之间的沟通、理解与互助，以促进学生在同龄人的启发下自我成长。

五、适时引导

班级心理辅导活动主要应该是"非指示性"的，但这并不排斥辅导教师必要的引导和点拨，同时及时地鼓励学生的参与和正向的表现，尤其对于那些比较内向的学生。引导的关键在于把握"将问题引向深入"的契机，或者运用"面质"技术对学生的认知方式及思维方法提出"挑战"或异议；或者将学生共同的感受或意思加以衔接，产生并联；或者把学生未察觉的易混淆的问题加以澄清，从而增加学生的认同感，并引导他们走向改变认知和行为的积极方向。

六、聚焦中心

辅导教师必须明确辅导主题及其理念，在活动中将辅导的焦点集中在中心问题上，防止因界定不清、似是而非而出现辅导理念的错位或辅导主题的偏移。

教师在活动中应注意观察每个学生的表现，尤其是异常表现，以便去深入地了解，可做适当的处理也可课后个别辅导。

七、及时调停

当班级辅导活动在学生互动过程中有漫无边际、浪费时间、氛围不融洽甚至个别成员反应含有敌意等特殊情况时，辅导教师要及时施加适度而巧妙的干预，以保护团体氛围不受干扰，让团体成员不受极端的刺激。

八、临场应变

班级心理辅导活动的辅导理念和辅导主题必须是明确且稳定的，但辅导活动的设计和活动素材的选择则是灵活的。对学生的语言和非语言行为，要及时通过深入技术反馈给学生，如同照镜子，帮助学生了解自己或凭借别人的语句看到自己的形象。对活动中出现的零碎素材，也要通过摘要、总结等技术连接起来，使学生获得完整与系统的经验和反馈。

班级辅导活动过程中最生动、最感人、最富有教育启示意义的素材往往来自团体互助及全班回馈的过程中。每当这种难得的辅导素材突然在团体活动中闪现时，辅导教师必须紧紧抓住，随机应变，调整原有的活动方案。

九、注重分享

班级心理辅导活动的最终目的是促进学生的自我发展与自我成长。这种成长首先来自学生自身认知的改变和情感的体验，因此，辅导教师不要习惯于自己得出结论并对学生加以灌输，而应积极带领学生在参与活动中进行探讨、思考、反省、感悟和升华。分享是团体心理辅导的灵魂，即活动后进行分享（可以是部分成员），每次目标活动后都应及时让组员分享体验，在轻松、和谐的气氛中互相倾吐该次活动中自己的体验，领导者要及时捕捉成员表达的信息，反馈并连接相关的知识，对每个组员给予回馈，使组员在分享的过程中"顿悟"，洞察他人、了解人生和社会。

十、包容歧见

班级心理辅导过程追求真情的流露和真我的风采，言不由衷或屈从压力不是辅导所期待的结果。因此，辅导教师要鼓励学生在活动中讲真话，为学生创造一种发表己见的宽松氛围，允许并尊重学生的不同看法，接受对方的情绪状态，不挑战、质疑、否定、批判或忽视，不强制性地改变学生的原有认知或行为方式，并相信学生在不同见解的争议当中，早晚会做出适合自我发展的正确抉择。

辅导教师要强化"学生具有解决自身问题的潜能"这样一种人本主义的辅导理念，不要总是习惯于以一个说教者的姿态出现在学生面前，不要急于给出现成的结论，而应尽可能地将解决问题的自主权交还给学生，由学生在团体的启发下自己探寻出适当的、可供选择的方案。若能如此，学生思考的智慧和自助的能力将得到很好的发展。

第三节　班级团体心理辅导活动的操作技术

团体心理辅导过程中，为了达成团体目标，发展团体动力，促进成员互助，提升学习效率，辅导教师需要适时地采取某些方法、态度、策略或手段，可以视为是"技巧"的运用，或称为"技术"。

一、团体初期基调的设定

团体初期的热身阶段是用来相互介绍、营造良好关系、讨论团体的目标、订立团体规则以及建立彼此信任的环节。一定要注意，成员们尚未准备好与他人交流，辅导者就匆匆进入具体运作阶段。辅导者应认意识到这一点，避免太快地推动团体前进，以防止不适的产生。某些团体，目的很明确而信任水平一开始就很高，开始阶段也许只需要几分钟。某些团体的成员也许需要花费一次甚至两次以上的会面时间才会对他人有足够信任。

团体进行之初或团体动力停滞时，领导者应以口语、非口语行为及活动等形式带领团体成员进入互动交流的情境中，从而提高成员的参与感，增加团体过程的效率。

一个严肃的基调可能是这样开始的。辅导者：在开始今天的内容之前，我想请你们坐得靠近一些，同时请你们把手上无关的东西都收起来。好，现在我请各位成员自我介绍一下，并谈谈你们为什么要参加今天的这个活动。

社交性的基调就要委婉得多。辅导者：在开始之前，我想请你们告诉大家你是谁。可以谈谈任何你认为重要的或愿意谈的内容。

支持性的基调又与此不同。辅导者：希望这个团体会对你有价值。这个团体的目的是大家通过倾听、交流和充满希望地彼此关怀，团结互助而获得成长。现在请你想一个词来形容你此刻的感觉。

团体转换阶段以及运作阶段是成员们将注意力集中于团体目标、从团体中学习并获益的重要阶段，包含引导练习、活动、讨论、分享以及处理问题等内容，会出现许多团体动力学问题。而由于团体的本质，成员们的态度和辅导者的能力使团体中出现紧张状态时，辅导者往往不知如何运用团体技巧应对。

二、团体活动中的引导

引导是使团体成员能够更好地参与，并帮助那些在团体中表达有困难的成员，从而进行更深层次的探索。引导的策略：

（1）邀请两三个人谈，而不是仅仅邀请一个人；或用轮流的方式引发成员的谈话。

（2）用两人小组的方法，由此产生的潜力可以激发沉默者在众人面前进行谈话。

"谁愿意谈谈你们刚刚讨论的内容";

"请谈谈你对刚刚讨论的事情的看法或感受"。

（3）用书写练习的方式引发成员分享答案。

一个更有技巧的辅导者会先让更多的成员发表意见，然后谈自己的想法。

三、团体活动中的打断

当一个成员在漫谈、讲故事而没有更深地探索时，辅导者需进行干预；当一个成员正在说一些不适当的事情或有争执时，辅导者应该阻止其继续谈下去。当你考虑打断时，你有多种选择的策略：

（1）打断并继续让这个人谈。（问问题、让其他成员给予反馈）

（2）打断并继续这个话题。（澄清或提问。其他人有类似的情况吗？）

（3）打断并且换人换话题。（我们需要离开这个话题，把注意力放到一个练习上）

四、团体活动中焦点的建立

（1）阐明接下来将进行的话题或活动。

（2）利用活动和练习建立焦点。

（3）利用轮换法或成员配对法集中于一个话题。

五、团体活动中的焦点固定

焦点固定意指保持当前的焦点内容。活动中需要考虑：何时固定（固定还是转移）？话题和团体目的相关吗？团体成员对话题感兴趣吗？焦点在该话题上的时间是否太长了？团体过去已经讨论过该话题了吗？

"我想回到张三所谈的内容，张三，你什么时候开始有那种感觉的？"

"我希望大家列举经历过的焦虑。考前失眠是一种困扰，还有什么呢？"把团体重新集中于主题上来。

团体活动中辅导教师要善于调动积极性，给予学生支持和鼓励。一会儿站在前面引，一会儿站在后面推。但应当避免形成对每个成员的谈话做出反应的模式：一个成员发言，之后是辅导者讲话，然后另一个成员发言，随之又是辅导者讲话，接着第三个成员发言，还是辅导者讲话——而不是成员之间的交流，那么团体动力学就会受到成员期望的影响。一个更有技巧的辅导者会先让更多的成员发表意见，然后再谈自己的想法。然而，团体频繁地从一个话题跃到另一个话题，往往水过地皮湿，浅尝辄止。所以，在把焦点深化到什么程度，既要考虑团体成员所能承受的水平、有无心理准备、能否应对，又要考虑团体的目标、团体所处的阶段、本次活动还剩余多少时间等问题。时间用完了，留下问题"吊着"，这不是出色的领导方法。

六、团体活动中的焦点转移

从话题到个人（我想知道你是怎样更好地调节情绪的）。

从话题到话题（我们来听听其他人对此的看法）。

从话题到活动（我想改变一下形式，有一项团体活动和我们讨论的内容相得益彰）。

从个人到个人（有人想对他所说的发表一下看法吗？）。

从个人到话题（你提出了很多与其他人也必然相关的问题，大家觉得如何对待这个问题？）。

需要注意的是，团体活动后需要紧跟着进行讨论，而不能从活动到活动，因为这种转移方式通常是不合适的。如一个活动之后引导轮换发言："用一两个句子，描述一下这个练习对你来说最突出的感受是什么？""它勾起了你什么回忆？"

或者通过书写的方法表达情感和想法："你从这个练习中获得了何种领悟？""你怎样运用这个练习在你的生活中帮助自己？"等等。

七、团体活动中沉默的处理

在团体中的沉默既有有成效的沉默，也有无成效的沉默。有成效的沉默发生在沉思进行时；无成效的沉默出现在成员不知该怎么说，害怕发言或感到无聊时。成员保持沉默的原因主要有恐惧、性格沉默、没准备好、困惑、对团体缺乏信任或责任感。当团体沉默时，辅导者应该问自己"这种沉默是有成效的吗？"成员陷入沉思，这种沉默是应该允许的。有的时候在开始时成员们会保持沉默，因为还没有充分地"热身"。让这种沉默在开始时出现是一个错误。辅导者需要做相关的、富有成效的练习或提出问题、轮换发言来打破沉默。

八、团体活动中焦虑和阻抗的处理

团体心理辅导过程中，学生通常会对自己的深度卷入而感到担忧，从而出现一些焦虑和阻抗的状态，他们一方面希望深入地融入团体去分享自己的一些经验，另一方面又害怕暴露自己的隐私。教师这时候需要采取一些技术来处理学生的焦虑和阻抗。

（1）教师及时识别学生的焦虑和阻抗。当学生出现焦虑和阻抗时通常会有以下表现：有逃避倾向、注意力重点放在其他成员身上或者是一些和自己无关的事上、不去面对自己和自己的反应、对团体不投入等。教师需要及时地识别这样的现象，以觉察学生是否出现了焦虑和阻抗。

（2）鼓励学生表达自己的忧虑和担心。当教师觉察到学生的焦虑和阻抗时，需要鼓励学生坦率地沟通来吐露自己的担忧和恐惧。如教师可以说："我想让你们每个人说说你们在这个团体中的忧虑，当你们在诉说的时候请看着其他成员，将自己和其他人在一起相处的忧虑说出来。"这样不仅可以引导学生表达自己的忧虑，同时有助于建立团体的凝聚力。

（3）合理情绪疗法的运用。当团体中有学生因为害怕被其他同学拒绝而出现阻抗现象时，教师可以借用合理情绪疗法对质他："如果每个在场的人真的拒绝你，你会惨到何种状况？""你如果真的被拒绝，那么你想象中的最坏的情况是什么？""你什么时候遇到过所有人都拒绝你的？'或者'你看到有人对所有人拒绝吗？"这样的问题可以帮这位学生发现破坏性的拒绝是一种没有经过批判的自我防御的想法。通过新的领悟，他可能对每个人都对他拒绝提出一种质疑，这样他因为害怕被拒绝而出现的阻抗就会缓解。

九、团体活动中哭泣的处理

辅导教师常见的错误是，当注意到有人开始哭泣时应立即把焦点转移到这个成员身上，因而会给那些有不同期待的团体成员造成困扰，或不合时宜地转移团体的注意力。需要考虑的问题是，哭泣究竟是一种抗争或痛苦事件的结果，还是试图博取同情。大多数团体成员的自然反应是对这个成员感到难受或者前去安慰那位成员。成员们一般意识不到真正挣扎于痛苦之中的成员与只想得到安慰的成员之间的区别。因此，一般来说不让成员此时抚摸或拥抱另一个成员是恰当的。无论哪位成员在为自身的处境而难过，或是在玩一个博取同情的游戏，拥抱或抚摸都不会有治疗作用。如果团体辅导者观察到某个成员开始哭泣，可以把焦点从那个成员身上转移开，然后在团体结束后再找她谈。或者可以这样说："小马，看得出你现在很难受，我们在结束后好好谈谈。"

十、团体活动中冲突的处理

成员之间产生冲突，多是由于移情造成的，即班级成员将自己对一些人的情感带到了团体的其他成员身上。如在班级团体心理辅导的过程中有同学对另一个学生说："你总是觉得自己很有正义感，每次你一说话我就觉得你很虚伪。"而也许真实的情况是被其指责的学生并没有像他所控诉的那样，而是这位同学将自己日常生活中对另一个学生的情感转嫁到了被他控诉的学生身上，从而发生了冲突。作为团体带领者就需要识别这样的冲突是否由移情所造成的。如果是，需要去引导学生发现这样的移情，认识到自己的真实想法，以达到处理冲突的目的。

在团体活动中辅导者有责任确保团体的"漏斗"达到一个有意义的深度。同时，在活动时应确保成员遵照指示行事，允许有成员不参与，处理情感的反应，让成员有时间概念，改变或中止练习。练习是方法，而不是结果。收获来自处理过程。当处理一个练习时，要使它与团体成员的生活有关。辅导者所犯的最严重的错误是在其他团体成员面前与消极成员的正面冲突，这会演变成辅导者与消极成员间的争论。这对于其他成员是没有好处的。辅导者发现自己处在争论之中，最好的办法是把焦点转移到别的成员或话题上，然后在团体结束后与该成员谈话。

此外，在团体心理辅导活动进行的过程中，辅导教师不仅要保证活动的顺利进行，还要随时关注每个个体的情况，应对可能出现的突发事件。在开展团体心理辅导活动时，辅导教师应学习和掌握个体咨询中的一些技术以保证活动的顺利进行。如积极倾听、同理心、澄清、询问、反馈、支持、非言语技巧整合等。

（1）积极倾听——通过生理、心理的专注与倾听，不涉及评价、判断，注意成员的一切反应，从而掌握成员表达的口语与非口语行为，如眼神、表情、动作等的真正内容。从而培养关注信任的气氛，充分尊重并让成员有宣泄的机会，鼓励自我开放、自我探索。

（2）同理心——指导者站在成员的立场去体会说话成员的感觉、需求、经验和想法等，不加入任何主观的意见，可用假设性口吻响应，避免"鹦鹉学舌"的重述，从而获得共鸣性的了解并回应成员，以建立信任的、关怀的团体互动关系。

（3）询问——指导者使用开放式语句有意探询成员的感受、经验与行为，以引导成员对于自己行为的内涵与成因做自我探索。

（4）反馈——指导者通过对成员行为的观察和了解，应适时地表达具体与必要的反应，也要避免过度介入或中断成员的分享。其目的是增加来访者的自我觉察，协助所有成员的自我开放，展现"社会—我"的互动动力。

（5）支持——当成员表达意见、团体动力出现正向或负向发展时，指导者应适时给予支持，特别是成员分享个人内在深层次感受与痛苦经验时。指导者的支持不是形式化的外交辞令，而是辅以非口语专注行为及人性化的尊重，从而激励来访者，增强自信，开创和谐的团体氛围，凝聚成员的向心力，并产生学习迁移和人际示范的作用。

（6）非言语技巧——指导者运用眼神、表情、距离、动作及姿态等非言语行为显示对成员的暗示和关怀，加强成员的示范性学习和自我开放。但运用时要慎重，不宜滥用、误用，必须考虑性别、场合、适用时机。避免专注少数人，形成团体的派系或成员产生特殊心态。

（7）整合——每次团体结束前、团体讨论告一段落或整个团体结束前，指导者应协助成员整理学习心得。整合时要兼顾意见整合与情感融合；同时，结合团体内情境与团体外环境的学习迁移，并给予成员信心，创造一种自信的气氛，以协助成员成长、适应和发展。

对于团体心理辅导技巧的学习与运用，心理辅导教师应重点思考：这些技巧对团体活动发展的影响是什么？对个体成长的影响为何？领导的目的是什么？技巧呈现的意义是什么？技巧的适用时机是什么？由于每个教师的人格特质的独特性，对于各种技巧的运用也不尽相同。技巧的使用应有一定的弹性。班级团体心理辅导教师在使用技巧时，应多思考技巧本身的意义，才能确保个体的利益，符合专业伦理的要求。

第四章　班级团体心理辅导实践范式

　　班级团体心理辅导课是学校心理健康教育体系中不可或缺的重要组成部分，它可以满足相同年龄阶段青少年学生共同的心理发展需要，为学生个性的发展、心理素质的提升创设了团体互动的融洽氛围，并为学校实现心理健康教育"面向全体、全员参与、全程融合"目标提供了课程保证。

　　每一次做团体都是一个创造的过程。本章围绕班级建设、自我探索、学业提升、压力应对、情绪管理、危机干预、交往沟通、合作相处、心态调节、思维创新、生涯规划等主题，设计了相应的团体心理辅导模块，每个模块可以根据具体情况分成若干个单元，可为辅导教师提供具体的参考素材，同时也可为学校心理健康教育课程群建设提供具有典型意义的教育活动及其具体类型。

第一节　团建篇：让我们同行

　　活动目标：营造真诚、信任与温暖的团体氛围，凝聚团体。
　　方案设计如表 4-1 所示。

表 4-1　方案设计

单元名称	单元目标	活动内容
有缘相聚	①活跃气氛，初步相识 ②强化互动，促使成员关注他人，也体会到被关注的感觉	①热身：轻柔体操 ②无家可归 ③人际互动滚雪球 ④独家专访 ⑤团队秀 ⑥结束活动：真情祝福

续表

单元名称	单元目标	活动内容
快乐家园	①帮助成员认识班级人际关系的重要性 ②帮助成员学会班集体中和谐相处，友好互助	①热身：香蕉运动 ②我说我"家" ③锦囊妙计 ④图画接力赛 ⑤神秘祝福 ⑥结束活动：合唱歌曲《相亲相爱一家人》

一、"有缘相聚"活动实施细则，如表4-2所示。

表4-2　活动实施细则

活动1	轻柔体操
活动目的	热身放松，减轻焦虑、活跃气氛
操作流程	①全体成员围成圆圈，面对圆心指导者也在队伍里。要求有足够的活动空间 ②指导者先带头做一个动作，要求成员不评价不思考，模仿做三遍。然后每个人依次做一个自己想出来的动作，大家一起模仿。无论什么动作都可以达到放松，减轻紧张气氛。有时，一些极富创造性的动作会引起大家愉快的笑声
活动2	无家可归
活动目的	促进团体形成凝聚力
操作流程	①开始时让全体成员围成圈手拉手，充分体会大家在一起的感觉 ②然后大家快速根据指令组成不同人数的小组，没有找到组的人淘汰出局 ③主持人将报纸分散摊在场地上，请每个家庭找一张报纸表示一个"家"，"一家人"站在这个"家"上 ④主持人说"散步"，大家即分散，打乱家庭组，绕大圈散步 ⑤主持人拿掉一张报纸，在说出"回家"口令后，大家停止散步，马上找到"家人"，并占据一个"家"。没有恢复家庭组的，或没有找到"家"的，被认为淘汰。被淘汰家庭可以家庭形式表演小节目，也可推派代表表演；表演环节意图是使被淘汰"家庭"在失败中重生 ⑥游戏过程大约持续到一半"家庭"出局时即可停止。请成功家庭和无家可归家庭分别围坐在圆圈的两半，分别谈谈感受 1）怎样才能尽快找到"家"？有经验可与大家分享吗？ 2）当"无家可归"时，你有什么感觉？被淘汰后，你还会关注其他"家庭"的找"家"行动吗？ 3）活动中你还观察到了什么？想到了什么？

活动 3	人际互动滚雪球
活动目的	初步相识，扩大交往圈子，促使成员关注他人，也体会到被关注的感觉
操作流程	①2 人一组自我介绍 ②4 人一组他者介绍 ③8 人组名字叠罗汉 ④内圈外圈滚动相识
活动 4	独家专访
活动目的	了解自己，关注他人
操作流程	①将成员两两分组，希望成员互相对问："你是谁？""你是怎样的人？"，并且多次的问句，成员要帮搭档记录 ②回到团体，绕圈发言，希望成员将自己所回答的项目分享出来，并且去思考自己对自己的了解
活动 5	团队秀
活动目的	通过团队秀加深彼此间的交流与合作
操作流程	①8~10 人一组（男女混搭），要求每个组在 15 分钟的时间内给自己的小组取一个队名，并拟定小组口号、几句队歌，设计一个团队的造型 ②完成任务后，各小组进行展示，让每个小组说出队名、口号，一起唱队歌，摆出自己小组的造型，并阐释自己小组造型的含义
活动 6	结束活动：真情祝福
活动目的	相互祝愿，彼此珍惜
操作流程	组员围成一个圈，每人走到中间向大家送祝福："我是……，我把……送给大家！"并要求有手势语。完毕后，大家围成一圈双手搭肩合唱歌曲《朋友》

二、活动实施细则，如表 4-3 所示。

表 4-3 活动实施细则

活动 1	热身活动：香蕉运动
活动目的	合作默契、团结互助
操作流程	①两人一组，并将大家的左腕绑住 ②每组每人左手各拿一根香蕉，让他们合作，右手一同剥去香蕉皮并以最快速度把香蕉吃掉 ③最快那一组就是胜利者

续表

活动 2	我说我"家"
活动目的	和谐集体宿舍关系
操作流程	①写出在班级中发生的最快乐的但很少与人分享的事件 ②最不愉快的但很少与人分享事件 ③自己最希望为宿舍做的事，以及自己对宿舍的建设性提议
活动 3	锦囊妙计
活动目的	头脑风暴解决问题
操作流程	①匿名写出班级人际关系方面的问题和意见，放入一个准备好的盒子中 ②随机抽取一张，大家一起解决个人在班级中面临的困惑
活动 4	绘画接力赛
活动目的	感受同学之间互相支持的力量，促进彼此合作，学会相互理解
操作流程	①每个宿舍以《我们未来的宿舍》为主题作画 ②大家在纸上横向作画，在纸的右下角写上自己的名字，每人自由作画 1 分钟，然后顺时针传递给左边的同学。每个人在传到自己手里的纸上继续作画 1 分钟，再顺时针传递给下一位同学，依次进行下去，直至签好自己名字的画纸又传回到自己手中为止，绘画过程结束 ③成员轮流作画时只能增添新的画面内容，不得修改前面同学所画的内容；同组成员可以相互提示或共同思考，但不可代笔 ④各组成员对所完成的图画做出解说 ⑤感悟与分享： 1）在自己的画和别人的画中都绘制了哪些内容？你感受到了什么？ 2）其他同学为自己的作品添加的内容，带给自己的感受是什么？
活动 5	神秘祝福
活动目的	激发学员相互之间的亲密感情，增强自我肯定，强化愉悦的情绪
操作流程	①全体成员围坐在一起。给每人发一张纸（上面已写有不同人的名字）开始播放节奏舒缓的音乐 ②辅导者告诉大家：每个人现在手中都有一张写有不同人名字的纸，请在上面写下你对某个人的祝福，30 秒后，请自动向右传，然后继续写下祝福，不必署名 ③转完一周后即停止 ④辅导者对大家说，此刻每个人的手中都有一张写有祝福的纸，现在我们从眼睛最大的伙伴开始，向大家宣布你手中的祝福。在宣布的时候请先说明这些神秘的祝福是送给谁的 ⑤第一个人说完之后，请右侧的人继续 ⑥转完一周后，将所有的神秘祝福发给相应的人，在亲密而幸福的氛围中结束训练

续表

活动6	结束活动：同唱一首歌
活动目的	感受团体温暖与团结，使每个成员更加热爱自己的团体，以良好的心理状态投入到今后的学习和生活中去
操作流程	①大家围成圈，每个人用一句话总结今天的感受 ②手拉手一起深情演唱《相亲相爱一家人》

第二节 探索篇：世上没有相同的两片树叶

活动目标：认识自己的个性特点，协助个体自我反省，促进协调整合的自我；学会积极地自我暗示，确立积极正向的自我意识和自我评价方式，从而感受到自己内心的强大。

"世上没有相同的两片树叶"方案设计如表4-4所示。

表4-4 方案设计

单元名称	单元目标	活动内容
自我认识	①让每个同学深入了解自己的独特性 ②恰当地评价自己的优缺点，发现自己更多的优点和长处	主题探讨：永远的不完美 ①热身活动：成长三部曲 ②20个"我是谁" ③个性探索 ④七彩人生路 ⑤个性名片 ⑥结束活动：普鲁斯特问卷
自我接纳	①学习接受不完美的自己，促进协调完整的自我 ②对自我拥有新的和适当的看法，从而增强自信	主题探讨：自爱者才能自助 ①热身活动：寻找与发现 ②照镜子 ③积极赋义 ④自我寻宝 ⑤内在小孩疗愈 ⑥结束活动：我真的很不错

续表

单元名称	单元目标	活动内容
自我肯定	①发现自己更多的优点，找到自信的依据，建立理性的自信系统 ②体验自尊和自信	主题探讨：人人都是自己命运的建筑师 ①热身活动：青蛙跳水 ②去除消极标签 ③情景对话 ④天生我材 ⑤结束活动：成功的光环

一、"自我认识"活动实施细则，如表 4-5 所示。

表 4-5　活动实施细则

活动1	热身活动：成长三部曲
活动目的	活跃气氛，强化互动
操作流程	①全体开始下蹲双手抱膝，以蛋的身份就近找人猜拳，赢者进化为鸡，双手做展翅状，输者退化为蛋 ②再以新身份寻找同类猜拳，赢者进化为猩猩，双手上举，输者退化为鸡 ③继续以新身份寻找同类猜拳，赢者进化为人，输者退化为猩猩…… ④数分钟后，停止活动，同类为一组 ⑤若每组人数有差距，可征求志愿者进化或退化
活动2	20个"我是谁"
活动目的	让每个同学深入了解自己的独特性
操作流程	①每个人写出20句"我是怎样的人"。请尽量选择一些能反映出你的个人风格的语句，例如，我是个开朗、忧郁……的人，避免籍贯、性别等描述。这可能要花些时间和精力，但认真填之后，你会有更多的收获 ②然后将你填写的20项作下列归类： 　生理的我（包括：我的长相、身材、身体素质等）编号： 　心理的我（包括：性格、能力、情绪状态等）编号： 　社会的我（主要指我的道德品质、人际交往能力等）编号： ③评估自己的描述是肯定的还是否定的。肯定的描述记"+1分"，否定的描述记"-1分"，将所有的项目得分加起来，得到一个总分。如果总分大于零，则表示你对目前的自己还比较满意；如果总分小于零，则表示你对目前的自己还不满意
活动3	个性探索
活动目的	认识自己，了解别人

活动流程	①指导者给每人发1张"个性特征表"，请大家详细阅读。然后研究一下团体内其他成员的个性，把你的认识记下来，对每个人可选择一种类型或选择多种（3~5种）特征 ②每个人都写完后，指导者按顺序找出其中一人，请其他人说出对这个人的分析 ③最后由他本人发表对别人评价的感受及自我的分析。也许非常一致，也许差别很大。为什么会有差别？深入探讨一下会有许多收获 **个性特征表** （见下表）

个性特征表

类型	长处	短处
乐天型	热切、诚恳、乐观、抱希望、富感情、优越感、感性强	冲动、浮躁、不坚定、意志弱、易怒、易懊悔
易躁型	意志坚决、坚强、敢冒险、独立敏锐	急躁、激烈、不太会同情人、易谋私利、骄傲自大、报复心重、不太会深思
忧郁型	思想深远、透彻、能自治、信实、可靠、有天分、才华、理想主义、完美主义、忠心	抑郁、沉闷、忧愁、痛苦、多猜疑、情绪化、好自省、过分求完美、易怒、悲观
冷静型	平静、稳定、随遇而安、温和、自足、实事求是、善分析、有效率	冷淡、缺感情、迟钝、懒惰、无动于衷、不易悔悟、自满

活动4	七彩人生路
活动目的	认清优势，增强自信
操作流程	①小组每一位成员仔细回顾自我成长中最得意的事情 ②每个平淡无奇的生命中都蕴藏着一座丰富的金矿，从小时候到现在为止，每个人都会有许多的成功，请学生在"我的优势卡片"上统统列举出来，哪怕是一件小小的成绩也不忽略。比如，考上中学、考上大学；某科成绩开始不怎么好，后来赶上去了；当了学生干部，获某项比赛的好名次；学会烧一样拿手的菜；某次交友成功了；克服了一次挫折……如数家珍一件件列举出来 ③分享"自我成长中最得意的事情"

续表

活动5	个性名片
活动目的	了解自己，展现自己
操作流程	①发给每位学生一个空白胸卡，在5分钟时间内为自己设计一张"个性名片" ②"个性名片"不少于5条个人信息，可用图形等多种形式表示 ③小组交流，集体分享
活动6	普鲁斯特问卷
活动目的	自我审视，记录你成长
操作流程	①请认真审视一下自己，然后回答下列问题： 1）你认为最理想的快乐是怎样的 2）你最希望拥有哪种才华 3）你最害怕的是什么 4）你目前的心境怎样 5）还在世的人中你最钦佩的是谁 6）你认为你最大的成就是什么 7）你自己的哪个特点让你最觉得痛恨 8）如果你能选择的话，你希望让什么重现 9）你最痛恨别人的什么特点 10）你最珍惜的财产是什么 11）你最奢侈的是什么 12）你认为程度最浅的痛苦是什么 13）你认为哪种美德是被过高地评估的 14）你最喜欢的职业是什么 15）你对自己的外表哪一点不满意 16）你本身最显著的特点是什么 17）还在世的人中你最轻视的是谁 18）你最喜欢男性身上的什么品质 19）你使用过的最多的单词或者词语是什么 20）你最喜欢女性身上的什么品质 21）你最伤痛或者遗憾的事是什么 22）你最看重朋友的什么特点 23）你这一生中最爱的人或东西是什么 24）希望以什么样的方式死去 25）何时是你生命中最快乐的时刻 26）你的座右铭是什么 ②分小组交流

二、"自我接纳"活动实施细则，如表 4-6 所示。

表 4-6　活动实施细则

活动 1	热身活动：寻找与发现
活动目的	通过活动认识独特自我，从而能够珍惜自己独特的价值
操作流程	①每组 8~10 人，给每个小组发一盒核桃，每个学生拿一颗 ②请学生仔细端详：长相、纹路、特征如何？尽量调动一切感觉通道，如视觉、听觉、嗅觉、触觉等，先用眼睛观察，然后闭上眼睛，感觉核桃的触觉特征 ③放回盒子里混合后，看看每个人能否找到自己的核桃。若发生争执，要能正确描述出自己的核桃 ④小组分享自己的核桃有哪些特点，你是怎样找到的？找到后的感觉如何？找核桃的练习给你哪些启发？指导者总结时，可以引导成员认识人和事物的独特性，学习接纳这种独特性，并学习比较的方法
活动 2	照镜子
活动目的	面对现实，学会接纳不完美的自己
操作流程	①小组每人轮流照着镜子，深呼吸，凝视着镜子里的自己，然后对着镜子中的自己说一番话 ②你觉得自己身体上哪些是不尽满意的，然后写到自己的本子上 ③在小组里将自己最不满意的身体缺憾说出来，越形象、越生动、越调侃越好。不需要解释原因 ④说完后，自己要大声说一句话："虽然是这样子，我还是喜欢我自己！" ⑤全班分享活动心得
活动 3	积极赋义
活动目的	转换视角，消除自卑
操作流程	①分小组对每个成员的不好的性格特征进行积极赋义，例如，多疑——积极赋义是自我保护意识强；竞争意识不强——积极赋义是不争强好胜；鲁莽冲动——积极赋义是勇敢积极；畏首畏尾——积极赋义是小心谨慎 ②每组一人做记录，将小组所做的所有积极赋义的例子进行团体分享，并讨论某些性格特征什么情况下具有积极作用、什么情况下具有消极作用，如何避免其消极作用
活动 4	自我寻宝
活动目的	促使发现自己的长处，更爱自己

续表

操作流程	①寻宝方式：我开始喜欢我自己，因为…… ②寻宝要求： 　1）必须实事求是 　2）必须是自己的优点或特长，也可以是自己的进步 　3）每个人至少找到自己的5个珍宝
活动5	内在小孩疗愈
活动目的	接触曾经的自己并为他提供需要但当时无法获得的安慰和支持
操作流程	①坐下来，挺直脊背，闭上眼睛，缓慢持续地深呼吸。放松整个头部，放松肩膀、胸部和腹部，继续深呼吸，放松腰部、臀部和大腿。然后温柔地把你的右手手心贴在心脏所在位置，一边深呼吸，一边感受手心温暖的感觉，想象你的右手正在对自己说，我很在乎你，我很关心你，我看到你了，我感受到了你的温暖 ②慢慢地将右手放下来，持续地深呼吸，放松身体，放空大脑。想象你的面前出现一扇高大的木头门，门是关着的，但没有上锁。门牌上写着四个大字"我的童年"，倒数五四三二一，伸手推开木门，进入到童年，你的眼前浮现出小时候的画面。记得深呼吸，多用一点时间去探索，看看童年时候的自己是什么样的。看看那个孩子在哪里，在做什么，几岁了，穿什么颜色的衣服，看看他的脸，观察他的眼睛里藏着什么东西，他快乐吗，他的心情如何，有什么烦心事，他最害怕什么，他什么时候最孤单，最渴望从父母那里得到什么 ③请停留在这个场景多一点时间，在静默中感受你的内在小孩是怎样的，允许自己流泪，释放积压多年的深层情绪。请你微笑着走过去跟你的内在小孩打个招呼，跟他说，我看到你了，我感受到你了，亲爱的孩子，我看到了你的挣扎与努力，我感受到了你的无助和迷茫。跟他说，亲爱的孩子，很抱歉这么多年我一直忽略了你，没有照顾好你，现在我长大了，我有能力照顾你了，我会经常回来看你的，我会好好陪伴你。持续地深呼吸，感受跟这个孩子在一起的感觉。你喜欢这个孩子吗？在他那么小的时候做了非常多的努力，如果连你都不喜欢他、不接纳他，天底下还有谁会无条件地接纳他呢？全世界的人都可以不懂他、不欣赏他、不陪伴他，而你需要看到他、心疼他、陪伴他。因为这个孩子快乐了，你才能快乐，这个孩子得到了爱，你就得到了爱 ④继续深呼吸，闭上眼睛看着这个小孩，继续跟他说，孩子，我回来看你了，一切都已经过去了，我就是未来长大之后的你。你看，我都长这么大了，我现在有力量、有智慧了，你需要什么，我可以为你做些什么，我怎样才可以让你更快乐，亲爱的孩子，只要你需要我，我会永远陪伴你，并尽我所能去照顾你，现在你是安全的，你是足够好的，你值得被爱，你是一个独一无二的生命，我会永远爱你、陪伴你 ⑤感悟与分享
活动6	结束活动：我真的很不错
活动目的	学会爱自己

操作流程	①每两人为一组对坐，一方挑剔或指责另一方，被指责的一方总是回答："无论你说什么，我都是一个有价值的人！" ②2分钟后互换角色进行同样的操练 ③大家自由行走，与人对视。在心里告诉别人：无论如何，我都接受自己、欣赏自己、爱自己！无论我的身体感觉如何、身材体重如何、身高相貌如何，我都接受自己、欣赏自己、爱自己！无论我贫穷还是富贵，我都接受自己、欣赏自己、爱自己！无论身边的人如何看我、对我，我都接受自己、欣赏自己、爱自己！用你的眼睛传达心里的那句话，不需要多余的动作和语言 　现在开始在房间里随意走动，不断地去觉察内心的感受，尊重当下的感受。 　暂停。请闭上眼睛，帮助你更多地去探索自己。（音乐渐起） 　刚才的1分钟，你是在外围走的，还是在内心深处走的？你在外围走，满不在乎，自以为明白。如果你愿意留意的话，这个过程是一个旅程，每个时刻，你都能够探索到自己。 　是什么在阻碍你？你担心的是什么？不是关于对与错，而是留意于你自己。你明天都会遇到很多人，你是活在自己真诚的生命里，活得坦荡荡的吗？ 　如果我连自己都不接受，我又如何去要求别人来接受我？ 　如果我连自己都不爱，我又如何去要求别人来爱我？ 　我的伟大，并不是来自于我的肉体、并不是来自于我的外在，而是来自于我的思想，来自于我的灵魂！ 　只要我与真正的我合一，我就能够拥有强大无比的力量！我就可以改变自己，可以帮助别人，可以让这个世界因为我而变得更加美好！ 　好，我们邀请你再来一次。睁开眼睛，找一个陌生的人，站到他（她）面前，真诚地去对待每一个人。你留意一下，别人的眼睛是坦荡的，还是躲闪的？是主动的，还是被动的……你看到的是什么？想起的是什么？

三、"自我肯定"活动实施细则，如表4-7所示。

表4-7　活动实施细则

活动1	热身活动：青蛙跳水
活动目的	培养我们勇于承认错误的责任心
操作流程	①大家围坐一圈，第一人说：一只青蛙。第二人说：一张嘴。第三人说：两只眼睛。第四人说：四条腿。第五人说：扑通！扑通！第六人说：跳下水……继续下个人开始：两只青蛙。第二人：两张嘴。第三人：四只眼睛。第四人：八条腿…… ②当有人做错时，做错的人要走出队列，站到大家面前，举起右手高声说："对不起，我错了！"然后鞠一躬

续表

活动 2	去除消极标签
活动目的	发现内在的阻碍
操作流程	我们一旦给自己贴上某种"标签"，就会按照"标签"所标定的意象去塑造自己，使自己某方面的情绪和行为不断得到强化 ①我的自我标签。请大家想想自己身上贴的消极自我标签是什么。比如，我是一个自卑的人、我是一个多愁善感的人、我是一个爱发火的人、我胆子太小、我很容易紧张…… ②标签与我的故事。这些自我否定的、贬义的描述性词语，就像"标签"一样贴在自己身上。那么，在现实生活中，这些消极自我标签会给我们带来什么阻碍呢？小组分享自己与标签的故事 ③撕去消极自我标签。这些消极标签，使我们不能恰当地评价自己；使我们失去自信，产生自卑感；使我们不敢尝试。我们要设法抛弃它、撕掉它 示范举例："我是个很一般的人——其实每个人都是平凡的，平凡的我可以有自己独特的生活，让自己做一个快乐的人！"同学们，你们会了吗？ 我没有音乐、体育、艺术等细胞。（特长标签）——兴趣是可以培养的，通过勤奋练习和不断尝试，弱项很可能变成我的强项…… ④大家把消极自我标签撕成碎片，然后把它们抛洒在天空。原来我并没有那么差，我们不自信时，很可能是消极标签在作怪。撕掉消极标签是我们战胜自卑、增强自信的有效手段。以后要多给他人和自己贴积极标签
活动 3	情景对话
活动目的	肯定训练
操作流程	①两人为一组对坐，一方用各种方式挑剔或指责另一方，被指责的一方目视对方，总是冷静地回答："无论你说什么，我都是一个有价值的人！" ②2分钟后互换角色进行同样的操练： 　1）每两人为一组对坐，一方挑剔或指责另一方，被指责的一方总是回答："无论你说什么，我都是一个有价值的人！" 　2）2分钟后互换角色进行同样的操练。 　3）成员两两相对；双方握手，让对方感到你的力量。互相注视对方眼睛30秒，不可以躲闪，目光注视表示自信及诚恳。然后一方想方设法向对方借东西，另一方目视对方，首先要清楚地、明确地说"不"，然后说出拒绝的理由 　4）2分钟后互换角色，一方想方设法向对方发出各种邀请，另一方看着对方，同样要清楚地、明确地说"不"，然后说出拒绝的理由 ③分享与讨论 　1）改变当事人妨碍自我肯定的不合理观念，发展出一种自我表达的权利和尊重他人的权利的态度 　2）懂得人有权利而不是义务表达自己真实的情感、思想、观念和态度，使人的行为符合内心的愿望，而不必要有任何焦虑和压抑 　3）学习促进平等的人际关系建立的方法，学习鉴别正确的坚持主见的行为，学会在人际情境中应用新学到的表达主见的技能

续表

活动 4	天生我材
活动目的	进一步了解自己身上所独有的特点
操作流程	①请成员填写下列练习表： 　1）我最欣赏自己的外表是＿＿＿＿＿＿＿ 　2）我最欣赏自己的性格是＿＿＿＿＿＿＿ 　3）我最欣赏自己做事的态度是＿＿＿＿＿＿＿ 　4）我最欣赏自己对朋友的态度是＿＿＿＿＿＿＿ 　5）我最欣赏自己对家人的态度是＿＿＿＿＿＿＿ 　6）我感到最引以为荣的一件事是＿＿＿＿＿＿＿ ②在小组中交流自己所填答案，每位成员都讲完一项后，再开始下一项
活动 5	结束活动：成功的光环
活动目的	体验内心强大的感觉，并强化这种感觉
操作流程	①辅导教师引导学生体验： 　1）重现自信。让自己回到过去某个极其自信的时刻，重现当时的情景，回想一下，当时都听到了什么？看到了什么？ 　2）成功的光环。当你感觉到自信的时候，想象你的双脚周围有一个彩色的光环。你喜欢什么颜色的光环呢？是不是还想让这个光环发出温柔的声响，显示出它强大的威力呢？当这种自信的感觉达到极致时，踏出这个光环，让那些自信的感觉留在光环之内。这是一个不同寻常的要求，不过你能做得到 　3）确定提示。设想一下将来某个特定的时刻，你也需要这种自信。头脑里确定了给予你提示的东西后，再回到那个光环中，重新拾起那种自信的感觉。假设未来的那个场景发生了，那时你会感觉很自信 　4）检验成效。现在再次踏出这个光环，将自信的感觉留在光环。在光环之外，再想象一下将要发生的那个场景，你将会发现你不由自主地回想起那种自信的感觉，这意味着你已经为这件可能发生的事提前做好构想了。一旦发生这样的事你就会很自然地面对这一切 ②感悟与分享

第三节　投射篇：敞开心扉探寻心灵的奥秘

　　活动目标：利用模糊中立的投射法，使在明确的测试状态下被试者无法表现或不愿表现的态度、个性特征和身心发展情况等各个侧面清楚地表现出来；房树人测试是判断一个人心理状态的重要工具，也是用于调解亲子关系，治疗和矫正不良青少年的重要手段之一。

"敞开心扉探寻心灵的奥秘"方案设计如表4-8所示。

表4-8　方案设计

单元名称	单元目标	活动内容
心灵投射	采用房树人投射测验，揭示隐藏在画中的作者的内心世界，有些甚至可能是本人都不曾察觉的潜意识	①热身活动：解开千千结 ②房树人投射测验 ③读懂你的心 ④换角度了解自己 ⑤结束活动：找变化
心语掘金	用冥想重塑自我，在团体互动中让能量回到心中	①热身活动：流星雨 ②美丽的花丛 ③真心话 ④独一无二 ⑤结束活动：冥想"安全岛"

一、"心灵投射"活动实施细则，如表4-9所示。

表4-9　实施细则

活动1	热身活动：解开千千结
活动目的	①引导学生感悟到：不管事情多复杂，总有解决问题的办法 ②使学生体会，当一个环节出现问题时，需要从全局的角度出发去解决
操作流程	①每组8~16人，围成一圈 ②请大家看清你的左手和右手边上是谁，确认后松手，在音乐声中自由走动，当辅导教师喊"停"时，原地不动，伸手去抓住你原来左右手两边的伙伴，距离太远可以跨一条腿 ③形成交互错杂的"手结"后，在不松手的情况下用钻、跨、绕、转等办法恢复到起始状态。松开手则算犯规 ④讨论与分享：开始时，你是否觉得思路混乱，难以解决？解开后你认为关键在哪里？从中你学到了什么？
活动2	房树人投射测验
活动目的	投射生活、环境、身心状态，探究人格的深沉，引发出能够反映被压抑的无意识的经验、欲望和情绪的反应

操作流程	①指导语：请你在一张白纸上，描绘出房子、树和人。怎样画都可以，但一定要认真 ②完成后分组简单阐述一下画中你所想表达的意思，或者作画时的心情
活动 3	读懂你的心
活动目的	心灵的觉察，了解自己的状态，真正从内心接受现状
操作流程	①分成三人小组，一人作为询问者，一人回到询问，旁边另一人做记录 ②询问提纲： 1）你画这幅画的时候，你的身体有什么不舒服吗 2）如果你身体的这个部位可以说话，它会说什么 3）你可以在这里把这个愿望表达出来
活动 4	换角度了解自己
活动目的	更好地了解他人对自己的看法，从另一角度认识自己
操作流程	①每个小组围成一圈，发给每个人一张印象卡 ②每个组员将自己的姓名写在印象卡上，并画出自我印象的代表图画 ③将印象卡交给坐在自己右边的一位组员，这样，每人拿着的就是另一组员的卡 ④拿到别人的印象卡后，请在 4 个方格内任选一格，填上自己对留名人培训全程中的印象或一句积极肯定的评语 ⑤将填完的卡交给另一个人。以此类推 ⑥将填满的卡片交回给辅导教师 ⑦辅导教师收集齐所有卡后，再发回留名人本人，给大家 2 分钟时间看卡，然后展开讨论 ⑧感悟与分享： 1）当看到别人对自己的印象时，是否诧异？为什么会诧异？ 2）说出别人对你的印象及自己对自己的印象，看看两者之间有什么差别
活动 5	结束活动：找变化
活动目的	观察力练习，发现变化，促进改善
操作流程	①两人一组结成伙伴 ②背对背，给你们 3 分钟，在身上做 3 个变化 ③回过头，彼此找找对方的变化 ④再背对背，给你们 3 分钟，在身上做 8 个变化（表情、姿态、发型、穿着等皆可） ⑤回过头，彼此找找对方的变化，双方都找出 8 个变化即任务完成

二、"心语掘金"活动实施细则，如表4-10所示。

表4-10　实施细则

活动1	热身活动：流星雨
活动目的	调节气氛，开心快乐
操作流程	①全体面向圆心站成一个大圈，邀请3个志愿者站在圆圈的中心。这3个志愿者要背对背，站成一个紧密的圆圈 ②每个队员准备一件可以扔的不会伤人的东西（如纸团、网球等比较软的球、打了结的毛巾等） ③站在圆周上的队员听辅导教师数到3后，大家要把手中的东西一齐高高抛给这3个站在中间的志愿者。站在圆心的3个人的任务是尽可能多地接住抛过来的东西 ④检查3个志愿者各接住了多少。可能会比你想象的要少得多，经常也有人会一个都接不到 ⑤让3个志愿者回到原位，另外请3个队员站在中间，重复整个游戏过程，告诉队员们这次他们需要打破先前的"接球"纪录
活动2	自我整合练习
活动目的	与自己融合为一体
操作流程	①用两张纸，分别写上自己内心的两个部分（不同名称或者同样是自己的名字，但用不同颜色的笔写）。把两张纸相对地放在地上，相距2~3米 ②先站在做了事被责备批评的自己上面。想一遍做了的事，问问自己：做这件事的目的是什么？想得到些什么？（找出所追求的价值，也就是找出正面动机）。一遍又一遍地问，直至找到的正面动机是更高的层次。例如"使自己更好""肯定自己的能力""证明我可以照顾自己"等 ③站出来，踏入另一张纸。想一想怎样责备批评对面的自己，然后问自己：责备批评他的目的是什么？想得到些什么？（找出所追求的价值，也就是找出正面动机） ④你会发现，追究下来，原来两边的自己有相同的正面动机。再站入第一张纸上，回想一下自己做了的事和对面的自己的责备批评。对着对面的自己说出以下的话： 　　我做这件事是为了（找到的正面动机） 　　你责备批评我，也是为了（正面动机） 　　原来我们都是为了使（自己名字）更好 　当我们的力量结合在一起时，我们会更能帮助（自己名字），使（自己名字）更好 　　现在，是时候让我们结合在一起了 ⑤闭上眼睛，伸出双手，想象双手前伸握住对面自己的双手，慢慢地把他拉过来，拥抱他。感受他把头靠在自己的肩膀上，然后在他的耳边轻柔地、细声地说出两句只有你俩知悉的话，去肯定两份结合的力量会多么有力地帮助（自己名字）变得更好。再听听他也在你的耳边说出的两句话，只有你俩知悉、如何你俩的结合听到（自己名字）更好。静止一会儿，好好地享受这份舒服、同时充满力量的感觉。慢慢地张开眼睛

续表

活动3	真心话
活动目的	感受同伴的真诚，获得支持的力量
	①全体成员组成内圈和外圈，两两相对 ②用欣赏的眼光去看待对面的伙伴，挖掘出各自内心深处的真诚，对他（她）说出想说的话 ③讨论与分享
活动4	独一无二
活动目的	认识独特自我，从而能够珍惜自己独特的价值、珍视他人
操作流程	①将成员分成若干个6~8人的小组，每个小组发一个印泥，一张白纸，一个装了形状、颜色各异的小盒 ②每个成员用食指沾染印泥后将自己的手印印在本组的白纸上。小组成员在白纸上印手印的过程中，仔细观察自己印下的手印，看看自己的手印有什么特点：它的大小、纹理，同时观察一下别人的指纹都有什么特点，看看自己的指纹跟别人的是否一样，都有哪些区别 ③每个小组成员都印完手印并观察完后，辅导教师将每一张白纸倒转，并打乱顺序，然后让成员找出哪一张是本小组的，同时要求小组成员找出白纸上自己的手印在哪里，并签上自己的名字。如果有成员找不到自己的指纹，或是找错了，大家帮助他，给他出主意 ④在全部小组成员找到自己的指印后，请各小组成员用彩笔装饰自己的指印，留作纪念 ⑤感悟与分享：为什么我能找到自己的指纹？我的指纹有什么特点？有没有其他成员的指纹跟我相同？这个活动对你有什么启示？
活动5	结束活动：冥想"安全岛"
活动目的	发掘成长的能量，安全岛
操作流程	冥想"安全岛"指导语 ①闭眼，深呼吸三次。放冥想音乐"自我激励冥想曲"，注意听教师的冥想指导语 ②和我的手掌心相联系，我的能量将储藏在这里。这是一个最安全、最温暖的地方，这个地方可以储藏我的能量…… ③现在我把我的所有的能量储藏在这个"安全岛"上，我确定已经储藏好了我的能量；在人生的各种体验中，我会常常来此储藏我的能量，当我失意时、当我怯懦时，我来这里宁静、充电。这是我的力量之源，是我的"安全岛" ④此刻，我来到这里，我感到从手心里升腾起一股光亮，一个温暖、清晰、纯粹的光亮，现在，让这个光亮变得更明亮些，并且加以扩展，使它越来越多地充满你的身体，继续进行着。这光亮慢慢亮起来、亮起来，变得炫目。这时，我的全身都充满了光亮，充满了温暖，充满了力量。请睁开眼睛

第四节 学业篇：最有力的依靠是你自己

活动目标：引导学生不断超越自己而不是超越别人。打开记忆潜能的大门，击退焦虑的困扰，坚信比昨天的自己优秀了，比过去的自己更好。

"最有力的依靠是你自己"方案设计如表4-11所示。

表4-11 方案设计

单元名称	单元目标	活动内容
最强大脑	瞬间记忆力训练，形象思维、抽象思维训练	①热身活动：归心 ②短语接龙 ③翻牌游戏 ④你是哪种学习类型 ⑤过目不忘 ⑥结束活动：精细筑塔
击退焦虑	增强内在能量，学习缓解紧张、调节焦虑的方法	①热身活动："身心合一" ②情绪要穴敲击法 ③焦虑圈 ④想象脱敏练习 ⑤波涛汹涌 ⑥结束活动：渐进肌肉放松练习

一、"最强大脑"活动实施细则如表4-12所示。

表4-12 实施细则

活动1	热身活动：归心
活动目的	体验静心。闭上眼睛后会有视觉差，只有静下心神的人才能最终回到圆圈内
操作流程	①学生需要闭上双眼站在指定的小圆圈内，然后，听辅导教师口令：向前走三步，再向左走三步，再向后走三步，再向右走三步，最终他应该回到刚才的圆圈中 ②请3位同学谈活动感受
活动2	短语接龙
活动目的	创造性思维的训练；对于应变能力的培养

操作流程	①让同学们围成一个圈，然后开始第一轮游戏 ②第一轮： 　1）大家要将手里的毛绒玩具传给下一个人，同时要说一个短语，例如白白的云彩、灰色的楼区、奔驰的火车等，短语与短语之间没有必然的联系，但一定要快 　2）让他们保持这种一边传球一边说短语的方式，直到确信每个人都熟悉了这一过程为止 ③第二轮： 　1）再次做上面的游戏，但这次有一个规则：他们的短语一定要与上一个短语有联系。就是说，一个人一边抛出毛绒玩具一边说出一个短语，另一个人接住球的同时要说出另一个短语，且必须与前一个有关。比如"奔驰的火车"—"撞了车"，"白白的云彩"—"在空中飘荡"，"丁香般的姑娘"—"在那迷人的雨巷" 　2）按照这种方式进行下去，如果有人没有迅速答上来就算输，可以让他站到圆圈中间来表演节目 ④讨论与分享： 　1）自由地说出短语和接着对方的话往下说对于你来说，哪个更容易一些 　2）如果你只是注重对你的同伴的回应而不注重你自己的表达，那你是否还算达到了游戏的目的 　3）随着游戏的进行，你是否会觉得自己的能力有所提高
活动3	翻牌游戏
活动目的	记忆力训练
操作流程	①两人一组，取一副牌每人一半 ②各出几张排列于桌上，看一会儿后把牌倒扣在桌上，每人轮流选一张说是什么牌，对了就收归自己，错了则放回原处 ③最后谁手中的牌多谁就胜 ④随着能力的提高，可以增加放牌的数量
活动4	你是哪种学习类型
活动目的	了解自己学习类型的特点，取长补短

操作流程	①每位同学对照学习类型表，看看自己倾向于哪种：
	1）行动型——偏好的是体验和实践，其特点是行动果断、说干就干，喜欢依靠直觉、摸着石头过河。这种学习风格的优点是快和果断，追求学习的速度，会马上投入应用，立竿见影。但缺点可能是深度思考不够，因此大量的学习可能只停留在战术层面，很难举一反三、触类旁通，也很难升级到系统性、全局性的水平
	2）思考型——学习者偏好的是深度观察、思考与抽象化。常常喜欢三思而后行，谋定而后动，深入探究事物背后的原因是什么、机理是什么、有什么理论模型作为依据等。这种学习风格的优点是能进行深度思考，而且有可能通过学习和思辨来提供系统的理论支持。但这种学习风格的缺点是速度太慢，无论做什么事都要"搜尽奇峰打草稿"，基本无法快速迭代和更新知识。同时又缺少了快速的行动与实践，因此"思考型"风格所产生的新知常常成为空中楼阁，与现实相去甚远
	3）发散型——拥有发散型思维和学习特征的人，偏好探索各种多样化的可能性。他们往往靠直觉办事，对人际敏感，点子非常多，常常寻找其他观点或可能性。这种学习风格的特点是富有创意、灵动、思维发散，但很容易因为过度发散、无法聚焦而难以实质性地解决问题、推动执行
	4）聚焦型——学习风格的人，偏好解决问题，带着问题去收集信息，收集信息也是为了解决问题。他们非常享受解题的过程，行动也比较迅速。享受解题过程往往体现出较强的目标导向性和执行力。但往往因为过于聚焦，而缺乏发散性的扫描能力，因此可能过早过快地陷入问题解决的过程中，从而缺乏更大范围的想象力和创造力，因而限制了学习和认知的升级
	②按照4种学习类型分成4个组
	③在小组中谈谈不同学习类型的优缺点是否符合自己的实际情况
	你从这个测试中，还获得了哪些启发与收获？你将如何取长补短？
活动5	过目不忘
活动目的	瞬间记忆力训练

续表

操作流程	①请学员从身上随机拿出 16 样物品 ②将 16 个物品放在一个 4×4 的方格中，给大家 1 分钟的时间记住物品摆放的位置 ③将这 16 个物品拿走，然后请一个同学上来用最短的时间恢复物品摆放的次序 ④重复几次，变化摆放的次序，看谁的正确率最高 ⑤讨论与分享：记住这些物品摆放的位置使用了哪些技巧？重复地进行训练正确率有提高吗？
活动 6	精细筑塔
活动目的	激发创造思维，提升团队创造力，训练动手能力
操作流程	①每组 3~4 人，每个小队用一把干挂面、一袋胶泥在一定时间内筑成一个高塔 ②最后评出：最具创意奖、最美结构奖、最雄伟奖

二、"击退焦虑活动"实施细则如表 4-13 所示。

表 4-13　实施细则

活动 1	热身活动："身心合一"
活动目的	信念构建训练
操作流程	①用眼球脱敏来建立信念。伸出双手，大拇指翘起来，其他握在一起。把你的信念放在手指尖上。默念"我是独一无二的，我能行，我能成为一个优秀的人""我爱我自己，我鼓励我自己。我爱我自己，我相信我自己"，头不动，让手指向右上方移动，眼球盯着手指尖上的哪个信念。再从右下转向右上，再转回中间，再转到左上、左下，路径是一个躺着的"8"字形，时间 30 秒 ②用肘膝相碰来巩固新信念。站立，用你的右手肘去碰左膝盖，再用左手肘去碰右膝盖，重复这样，同时心随信念，动作要舒缓。时间 30 秒 ③用双手在心里巩固信念。深呼吸，放松，双手叠掌放在心上，同时心随信念，用手心去感受声音在胸腔的振荡。时间 30 秒
活动 2	情绪要穴敲击法
活动目的	释放负面情绪，恢复情绪平衡，释放积聚的压力，让忧烦感渐渐消失

操作流程	①用手指轻轻依序敲身体 8 个穴位： 1）眉头，两侧眉毛开头的位置 2）眼侧，眼睛两侧鱼尾纹末端 3）眼下，眼睛瞳孔正下方 4）人中，鼻下至上唇中间 5）下颚，下唇到下巴间最凹陷处 6）锁骨，锁骨和第一根肋骨交接处的骨缝间 7）腋下，腋窝下方约四寸处（女性约为胸衣带扣高度） 8）手刀点，手刀侧小指根部到手腕间 ②每个点拍打七八下，拍打时一边按顺序拍打各点，一边默念提示语：虽然我考试会紧张，但我还是完完全全地接受我自己 ③最后确定所有负面情绪完结，就可以用"对不起""请原谅""谢谢你""我爱你"这几句话做最后的清理
活动 3	焦虑圈
活动目的	真诚地接纳自己，学习自我开放，团队互助
操作流程	①辅导教师先说明练习的目的，发给每人一张白纸，请成员画四个大小不同的同心圆。在最外圈写上自己常常在考试的时候感到很开心很高兴，但很少对人说及的一件事 ②在次一圈写上自己常常在考试的时候感到不开心不舒服，但极少告诉别人的一件事 ③在次小圈写上自己希望达到的成绩或是最希望能在考试中做到的一件事 ④在内圈写上自己对自己的考试成绩的看法。写好后，每个成员轮流将自己的练习纸展示给其他成员看，并说出自己写的内容。成员对每一位分享者给予积极的反馈、理解 ⑤分享结束后小组讨论：当说出自己圈里的内容后有何感受，当自己听别人念的内容而给予反馈时有何感想
活动 4	想象脱敏练习
活动目的	通过在想象中对现实生活里的挫折情境和使自己感到紧张、焦虑和痛苦的事件的预演，学会在想象的情境中放松自己，从而达到在真实的挫折和紧张场合能对付各种不良的情绪反应
操作流程	①学会有效的放松。这是想象脱敏法的基础，可先练习和掌握放松的方法，达到能在 1~2 分钟内完全放松，将紧张排除出去 ②把紧张事件按等级排列出来。在纸上把引起焦虑和紧张的事件，包括目前遇到的和在不久的将来会遇到的事件全部罗列出来，应该包括各种性质不同的事件，而不限于 1~2 种感到紧张或惧怕的问题 ③给自己感到紧张的这些项目打分，完全不紧张的定为 0 分，最紧张的定为 10 分，其他项目依据自己的体验，定为 10 分之内，然后按照分数从低到高把它们全部排出等级顺序。每个项目既简明扼要，又能在想象中产生明确的图像，如大冷天要早起，5 分；参加后天的期中考试，8 分；别人对自己批评，9 分……

操作流程	④脱敏想象练习。依据等级表先从紧张分最低的第一项目开始，想象项目所描述的情境，注意身体是否出现紧张感，感到紧张时即做放松练习。当连续两次想象一个项目而没有出现紧张时，就可进入下一项，用同样的方法一个个地对付所列出的每一个紧张事项。最后你会更深刻地觉察到紧张的部位是怎样引起的，并会接受紧张的早期征兆，因为它好比你放松的信号。通过了紧张度最高的项目，你就会对降低紧张和焦虑有充分的信心，甚至对最紧张的情境也能克服 ⑤进行想象和放松练习时，要求每个项目的情境都必须是生动和真实的，必须能清晰想象出情境中的声音、气味、色彩、图像等，开始几次可能想象不出，随着练习次数增多，会容易清楚地感觉到情境中的紧张事件
活动5	波涛汹涌
活动目的	宣泄情绪，激发欢乐
操作流程	①每个人在不同颜色的气球上写上自己的名字 ②大家抛高自己的气球，并尽力让气球停留在空中，同时尝试打下别人的气球 ③气球落在地上的人即被淘汰 ④气球保持在空中最久的人便算赢
活动6	结束活动：渐进肌肉放松练习
活动目的	通过对放松训练的学习进一步掌握放松的方法，协助成员应对紧张、焦虑的情绪
操作流程	"渐进肌肉放松练习"指导语： ①舒适地坐在椅子上，胳膊和手放在椅子的扶手或自己的腿上，闭上双眼 ②呼吸放松三次：用平稳的方式通过鼻孔呼吸，先深深地吸一口气，慢慢吐气，同时告诉自己随呼气达到完全放松。吸气，让整个胸腔充满氧气，呼气，把"内在压力"从吐气中排出。吸气……呼气，放松……借气排出压力 ③循环渐进地放松肌肉群 　1）先将两手臂平行抬高至胸前，握紧拳头，绷紧手部的肌肉，直到不能再用力为止。注意这时有什么感觉。维持这种紧绷的状况3秒钟，然后突然放松力量，松开拳头，感觉整个暖流和松弛流过手臂，所有的紧张流出手指 　再一次握紧你的拳头，体会一下你感觉到的紧张状况（停顿3秒）；然后放松，并想象紧张从手指消失…… 　2）现在将肘部弯曲，绷紧肱二头肌……感受这种紧状态（停顿3秒）。好，放松，将手臂垂下……感受与紧张状况的差别……（停顿5秒） 　3）将注意力转向头部，请皱眉头……使劲眯眼睛，感觉前额和眼部的紧张。好，放松，注意放松和平展的感觉流过眉目（停顿5秒） 　4）好了，上下颚紧合在一起，并闭紧嘴唇（停顿3秒）好，放松……注意紧张和放松之间的对比（停顿3秒） 　5）现在各部位一起做。皱上眉头，紧闭双眼，咬紧上下颚，抬高下巴，拉紧颈部肌肉，闭紧双唇……感觉到面部的紧张……（停顿3秒）好，放松，请全部放松……越来越放松

续表

操作流程	6）现在我们就移向颈部肌肉。将头紧靠在椅背上，感觉到颈部和后背的紧张……保持这种紧张（停顿3秒）。放松，……让头部休息（停顿3秒） 7）再将下颌向胸前靠，将下巴接触到前胸。感觉颈前部肌肉的紧张。（停顿3秒）好，现在放松……（停顿5秒）注意两者的差异，保持放松 8）现在，尽可能地把双肩向上耸……停顿……肩膀落下，一种放松的感觉传遍脖子、喉咙和肩膀（停顿3秒） 9）再尽可能把双肩往前举，一直感到肩胛骨后背肌肉被拉得很紧……保持姿势（停顿3秒），好，放松……纯粹地放松（停顿5秒） 10）现在把肩胛骨往前推，腹部尽可能往里收，拉紧腹部肌肉，感受整个腹部都被拉紧，保持姿势……好，放松……让呼吸自由平缓。吸气……停顿……呼气……呼吸自由平缓。每次气体呼出时注意放松的感觉……让紧张消退（停顿5秒） 11）现在轮到腿部，绷紧臀部和大腿……再绷紧……（停顿3秒）好，放松，感觉不同之处（停顿5秒） 12）双脚后跟紧靠在椅子，努力向下压，尽力使劲翘脚趾，保持姿势，感受腿部和脚部的紧张……（停顿3秒）好，放松 13）好，深呼吸三次。把所有练习过的肌肉都拉紧，双拳和肱二头肌、前额、眼睛、嘴部、颈部、肩膀、腹部、腿部保持姿势……（停顿3秒）；好，放松…… 14）当你继续慢慢地、深深地呼吸时，感觉到这舒适的、温暖的和深沉的松弛遍及你的全身……你可以调动全身做进一步的放松，释放体内剩余的最后的一点紧张度。放松脚……放松小腿……放松膝盖……放松大腿，放松臀部……放松胸部……越来越放松。感觉到松弛，渗透进肩部……渗透进手臂，越来越深入……感受到脖子内部那种松弛和放松……继续慢慢地做深呼吸，你的全身有一种松弛、宁静、安详的良好感觉……接着，正常呼吸，享受你身体肌肉完全没有紧张状态的乐趣（停顿8秒） 15）放松和沉静现在结束。深吸一口气，慢慢睁开双眼，感到生命和力量流通全身，感到轻松和充满活力

第五节　静心篇：专注力就是竞争力

活动目的：以"心理—行为"训练为核心策略，通过视觉、听觉、触觉等感官训练，以及感觉统合、自控训练等方面多维度提升专注力水平，以提高学生的注意力与专注持续时间和质量。

"专注力就是竞争力"方案设计如表4-14所示。

表 4-14 方案设计

单元名称	单元目标	活动内容
视觉专注	视觉感官与注意力训练	①热身活动：视觉聚焦 ②看谁数得快（舒尔特表练习） ③"眼观六路" ④黄卡练习 ⑤表象训练（木块切割） ⑥火眼金睛 ⑦结束活动：拼图竞赛
听觉专注	听觉感官与注意力训练	①热身活动：健脑操 ②"耳听八方" ③钟声袅袅 ④反口令游戏 ⑤无声传递 ⑥色卡练习 ⑦结束活动：奇妙海洋
感统训练	注意力与平衡协调训练，提高身心的协调性	①热身活动：健脑操 ②冥想体验训练 ③你追我赶 ④走走转转 ⑤乒乓球静止训练 ⑥玩乒乓球干扰注意游戏 ⑦结束活动：袋鼠跳
自控训练	注意力与动作控制训练，注意力稳定性训练	①热身活动：健脑操 ②静心练习 ③钟表凝视 ④自律训练 ⑤感受自控力 ⑥库氏挂钩 ⑦结束活动：分享收获与检视自我的成长

一、"视觉专注"活动实施，如表 4-15 所示。

表 4-15 活动实施

活动 1	热身活动：视觉聚焦
活动目的	持续性专注能力练习

操作流程	①视觉聚焦是指把视觉集中于或凝视一个物体，直到它印刻在大脑中，然后闭上眼睛想象这个物体 ②如果心理意象减退或消失，就张开眼睛再次重复这一过程 ③凝视物可以是蜡烛的火焰、花、美丽的图画等
活动 2	看谁数得快（舒尔特表练习）
活动目的	转换性专注能力训练
操作流程	①舒尔特方格，一张 25 个 1 厘米 ×1 厘米小方格的表格，将 1~25 的数字顺序打乱，填在表格里 ②然后以最快的速度从 1 数到 25，要边读边指出，一人指读，一人计时 舒尔特注意力训练标准： 5~6 岁年龄组，优秀为 30 秒以内，良好为 30~40 秒，中等为 40~48 秒，及格为 55 秒以上 7~11 岁年龄组，优秀为 26 秒内，良好为 26~32 秒，中等为 32~40 秒，及格为 45 秒以上 12~17 岁年龄组，优秀为 16 秒内，良好为 16~18 秒，中等为 19~23 秒，及格为 24 秒以上 18 岁以上，优秀为 12 秒内，良好为 13~16 秒，中等为 17~19 秒，及格为 20 秒以上
活动 3	"眼观六路"
活动目的	选择性专注能力训练
操作流程	圈字母、找字、数字找漏、数字找最大最小、找连线、数黑点
活动 4	黄卡练习
活动目的	持续专注能力训练
操作流程	①丹田呼吸。端坐椅上，背伸直，收颔，闭目。全身肌肉放松，调整一下姿势，取安稳的姿势。用细、长、静的深呼吸，从鼻吸气吐气。脑子里要常常想到，吸入新鲜的空气，吐出所有的紧张和烦恼 ②黄卡训练。将黄卡放在距离眼睛 30~40 厘米的地方，呼吸调整，平静心绪，凝神黄卡 30 秒，注意，看的过程中不要转动你的视线，尽量不要眨眼。可以盯住中间的圆看；然后闭上眼睛，眼前出现残像 ③再凝神 30 秒后迅速拿开卡片，将视线移到一张白色纸上，这时就会在你的眼前出现一个补色卡（补色卡就是黄圆蓝色的卡） 训练一段时间后，可能出现的是原色卡，这是正常的。刚开始，残像（就是出现的卡片）可能只有 5~10 秒。不要急，多训练几次，时间就会越来越长。 看黄卡时，你的注意力集中的话，会看到蓝色的圆周围有个明亮的黄色的月牙状东西。等到眼前的卡片消失时，睁开眼睛，继续看黄卡。看完后（不闭眼），看白纸或者墙面，这时可以看到卡片的残像。消失后，重复训练步骤，要求残像至少保留 15 秒以上。每次可以训练 10~15 次，时间在 20~30 分钟。训练 30 分钟后，必须休息 20~30 分钟，再继续练习

续表

活动 5	"木块切割"
活动目的	视觉空间能力训练
操作流程	①想象有一块四周涂上红油漆的木块，就像小孩玩的积木，有六个面 ②用刀将它横切一刀，一分为二，想一想，这时有几个红面？几个木面？ ③用刀纵切，二分为四，这时又有几个红面？几个木面？ ④在右面的两块中间纵切一刀，四分为六，这时又有几个红面？几个木面？ ⑤在左面的两块中间纵切一刀，六分为八，这时又有几个红面？几个木面？ ⑥在上面四块中间横切一刀，八分为十二，这时又有几个红面？几个木面？ ⑦在下面四块中间横切一刀，十二分为十六，这时又有几个红面？几个木面？ 注意：做这种练习时不要用数学推算的方法计算答案，而只能凭表象来操作 记录提出问题结束至做出正确答案的时间，以此作为训练成绩
活动 6	火眼金睛
活动目的	观察专注与手眼协调能力训练
操作流程	①找一些大小相同的玻璃球（或珠子、豆子）放在桌子上，然后用盖子把玻璃球盖上，不让对方看见。这时，告诉学生要注意桌上玻璃球的数量，然后教师在很短的时间内出示一些玻璃球；让学生说出这些玻璃球的数目，并记录学生的回答，看他能说对几次 ②用 5 秒钟看桌上摆放的东西，然后闭上眼睛说出这些东西的名称，越具体越好 ③堆火柴棍。两人一组，一人先把火柴棍随意堆到一起，另一人小心翼翼地把火柴一根一根拿起来，每拿起一根时都不能触动其他火柴棍。如果触动了，互换角色进行。最后谁的火柴棍多，谁就胜了这一局
活动 7	结束活动：拼图竞赛
活动目的	视觉广度与分辨能力训练
操作流程	①按小组准备若干拼图 ②4~6 人一组集体拼图 ③辅导教师宣布开始，看哪个组最快完成

二、"听觉专注"活动实施细则，如表 4-16 所示。

表 4-16　实施细则

活动 1	热身活动：猎人、老虎、长枪
活动目的	活跃气氛，催化团体动力

续表

操作流程	①先明确要领：猎人的动作是双手叉腰；老虎的动作是双手张在头两边；长枪的动作是双手举起呈持枪状 ②两人一组，同时说令词，在说最后一个字的同时做出一个动作 ③双方以此动作判定输赢，猎人赢长枪、长枪赢老虎、老虎赢猎人，动作相同则重新开始
活动 2	"耳听八方"
活动目的	听觉专注训练
操作流程	①听数字训练。辅导教师读一组 5 位数的数字，学生听完之后写下听到的数字。然后增加到读六位数、七位数…… ②听字训练。读一段短文，学生听到某个字时就用笔在纸上打一个"√"，读完后统计与短文中出现的某个字是否相同 ③分辨词语。游戏规则，比如听到与电有关的词要举左手，与学习有关的词要举右手。然后，辅导教师开始一个个地报词语，而学生要集中注意力听，来分辨每个词到底跟什么有关 ④学生玩熟练之后，可以增加规则来提高游戏难度，比如两个字的词要举左手，与动物有关的也要举左手等
活动 3	钟声袅袅
活动目的	注意力集中性训练
操作流程	①打开音频，听广播，把收音机的音量尽量放低，低到刚好听清为止。微弱的声音迫使人尽力集中注意力 ②听完一段后，学生凭记忆复述或复写出来
活动 4	反口令游戏
活动目的	提高专注力，破除思维定式和思维习惯
操作流程	①说一个口令，让学生按照反口令做动作。例如，向前一步走，学生就应该向后退一步 ②做错的人退出。几轮后最后还在场上的学生为获胜者
活动 5	无声传递
活动目的	观察能力和专注力训练

操作流程	辅导教师张嘴不出声音说出一个词语或句子，让学生根据辅导教师的口型判断说了什么并写下来。例如，早上好、专心看、有进步、你真棒、无声传递
活动 6	色卡练习
活动目的	颜色残像练习，内视觉能力训练
操作流程	先做红色卡片训练。盯住红色卡片看一会儿，然后闭上眼睛。眼前的残像消失之后，再睁开眼睛继续凝视卡片。时间以 20~30 秒为宜 凝视卡片时，精神会自然而然地集中，这时脑波就变成了 α 波状态，而这种大脑状态正是可以自然进入想象的状态 刚开始训练时，也许眼睛一闭上残像就立刻消失了，此时千万不要放弃。重复若干次之后，残像就会 20 秒、30 秒地逐渐延长在眼前留存的时间 接下来，不用盯着红色卡片看，只需闭上眼睛，想象红色，练习到眼前出现红色卡片为止。红色卡片练习完毕后是黄色卡片，然后是蓝色卡片
活动 7	结束活动：奇妙海洋
活动目的	听觉专注训练
操作流程	①听音频，数一下海鸥一共叫了多少声 ②听文章，数一下出现了多少次"海鸥"一词，同时数海鸥的叫声

三、"感统训练"活动实施细则，如表 4-17 所示。

表 4-17　实施细则

活动 1	热身活动：健脑操
活动目的	交叉运动，使左右脑合作
操作流程	①摸鼻子、耳朵 ②原地站好，伸右手的同时抬左腿，右手碰到左腿膝盖，然后恢复站立，再伸左手抬右腿，左手碰到右腿膝盖，然后恢复站立。好像在做原地踏步的动作。这个动作越慢越好
活动 2	冥想体验训练
活动目的	感知觉想象训练

操作流程	①视觉想象：闭上眼睛想象"红苹果"，怎么样？像亲眼见到一样鲜明吗 ②听觉想象：闭上眼睛想象一下，声音像在耳旁回响一样清晰吗 ③嗅觉想象：闭上眼睛想象一下"刚刚出炉的面包"气味，是不是像在自己面前散发的气味一样诱人呢 ④味觉想象：闭上眼睛想象一下"杨梅"的味道。是不是感受到酸酸的味道呢 ⑤触觉想象：闭上眼睛想象一下"玩具熊"那柔软顺滑的毛绒，是不是像亲手抚摸的感觉一样呢 ⑥交流分享活动中的感受
活动 3	你追我赶
活动目的	体觉训练
操作流程	分成若干小组，小组成员分列两端，然后开始进行颠乒乓球接力赛
活动 4	走走转转
活动目的	平衡能力训练
操作流程	①单脚站立：每次 30 秒，熟练后，尝试闭着眼睛单脚站立 30 秒 ②顶书走线：可以从走直线到圆圈，睁眼到闭眼的训练 ③端水：端满满一碗水练习快速走路 ④旋转：让孩子感受眩晕的乐趣，速度由慢到快
活动 5	乒乓球静止训练
活动目的	注意力与动作控制训练
操作流程	①准备：乒乓球拍、乒乓球、纸、笔、秒表 ②让学生将乒乓球拍平端于胸前，离胸大约 10 厘米，保持球拍不倾斜，然后将乒乓球轻轻放于球拍的中间，在球停稳后目光要始终注视球拍上的球 ③球落地算一次，然后开始新一轮的计时
活动 6	玩乒乓球干扰注意游戏
活动目的	复杂情境中的注意力训练
操作流程	①一人把球放在球拍上，绕桌子行走一圈，要求乒乓球不能掉下来。另一人在旁边进行捣乱，但不能碰到他的身体，如一会儿拍手踩脚，一会儿大喊大叫，还一边说："掉了！掉了！"但拿球拍的人保持镇定和注意力集中，继续完成游戏 ②成功后交换角色进行
活动 7	结束活动：袋鼠跳
活动目的	在跳跃动作中，强化前庭刺激，抑制过敏的信息
操作流程	①两人一组，一人站在袋中，双手提起袋边，双脚同时向前跳向终点。另一人在旁边保护 ②一人完成后，交换角色

四、"自控训练"活动实施细则，如表4-18所示。

表 4-18　实施细则

活动 1	热身活动：健脑操
活动目的	手脑协调，刺激大脑
操作流程	手指操： ①一枪4鸟：一只手做打枪手势，另一只手同时伸出四个手指。然后两手互换动作，逐渐加快速度 ②转手臂：一只手臂前后伸缩，另一只手臂同时做画圆动作。然后两手互换动作，逐渐加快速度 ③捏鼻抓耳：一只手捏鼻，另一只手抓耳朵。然后拍一下手，两手互换动作，逐渐加快速度
活动 2	静心练习
活动目的	改善专注力，加强对大脑的调控，缓解你的负面情绪。原来学习容易走神发呆的，现在可以聚精会神，则计算错误、看错题目之类的低级错误都会减少
操作流程	①身体姿态的调整。在身体姿态上，最核心的是保证脊柱挺直。同时，为了让你更加专注而不产生杂念，你的身体姿态需要一些调整。脊柱挺直，保持大致的直就好，不要特别夸张地特意去挺。尤其腰部，既不要弯腰驼背，也不要刻意挺腰 ②冥想练习。先从摒除杂念开始练起。静止不动，安坐在那里，专注于一个固定的事物，将意识固定投放在那里。比如呼吸，或者下腹部丹田的位置 ③觉察到自己正在呼吸，你感受气流从自己的鼻孔里出入。顺便提醒大家注意，感知呼吸，不是控制呼吸，不要用意识去干扰呼吸，尤其不要憋气。关注空气进入了怎么样把气呼出来了又怎么样
活动 3	钟表凝视
活动目的	静心专注训练
操作流程	①让学生盯着钟表走动1分钟，如果1分钟内注意力没有离开秒针，就延长观察时间到2~3分钟 ②采用竞赛的方式进行 ③等到确定了注意力不离开秒针的最长时间后，再按此时间重复三四次，每次间隔10~15分钟。若能将注意力连续集中5分钟，就已经是不错的成绩了
活动 4	自律训练
活动目的	预防紧张，减轻不安，使人进入一种宁静状态

续表

操作流程	①放松准备：坐在椅子上或者地上，放松双肩，缓缓深呼吸，重复 3~4 次 ②四肢重感练习，先手腕，后脚腕。练习时用缓慢有力的声音暗示："我的两个手腕开始沉重了，已经感到沉重了，已经越来越沉重了……我的脚腕沉重，沉重……" ③四肢温暖练习，也是先手后脚，跟随暗示语进行练习 ④心脏调整练习，即自我暗示心脏安静和有规律地跳动 ⑤呼吸调整练习，自我暗示悠长、轻松地呼吸 ⑥腹部温感练习，先将温暖干燥的手置于腹上，然后通过暗示语指导进行练习 ⑦前额清凉感练习 练习时，同时用暗示语进行自我放松暗示："放松，全身放松……"，"安静，安静，内心安静……"
活动 5	感受自控力
活动目的	考验控制力和专注力
操作流程	①吹纸牌比赛。准备一摞扑克牌，放在切口平稳的玻璃瓶上，一次只能吹下去一张，每吹下来一张就放到旁边，如果一次吹下来好几张则将吹下来的扑克牌重新放到瓶子上 ②线型平衡木。用胶带在地面拉出线条，虽然在平地上，但始终要走在线的中央。当学生熟悉后，再练习手拿着物品走直线，头顶着纸杯走直线
活动 6	结束活动：库氏挂钩
活动目的	生理平衡，让内心平静，快速恢复体力和能量
操作流程	①做前先喝一大杯水，然后双臂伸直，双手交叠，假如右脚在左脚之上，则右手亦在左手之上。反之亦然 ②伸直手指，双手拇指向下，双手手指交叉合掌，双掌握成的拳头向下翻，向胸口拉近直至紧贴胸口，眼睛下望可以看到手指 ③把呼吸调慢。把全部注意力放在身体内心脏之处（可以幻想任何形状的心脏，也可以把注意力放在以往出现情绪时体内感觉的位置） ④维持 3 分钟以上
活动 7	结束活动：分享收获与检视自我的成长
活动目的	回顾总结
操作流程	大家回顾专注力训练的过程，看看自己有哪些变化和进步，然后交流分享

第六节　自信篇：做最好的自己

活动目标：培养自我肯定行为，摆脱自卑的束缚，找到自信的依据，建立理性的自信系统，在认识自我的基础上悦纳自我，提升自信水平。

"做最好的自己"方案设计如表4-19所示。

表4-19　方案设计

单元名称	单元目标	活动内容
会爱自己	①自信不是靠强调外在的东西，也从来都不是"我比你更好" ②每个人都是不完美的，真正爱自己，就要接纳不完美的自己	①热身活动：榜上有名 ②你爱自己吗 ③优点轰炸 ④即兴发言 ⑤光的静心 ⑥结束活动：自我赋能
自我激励	①自信是自我由内而外生出来的认可 ②外在的自信可以变迁，内在的自信却会永远存在	①热身活动：传递呼啦圈 ②神奇的手指 ③注入信念 ④气球辩论 ⑤巅峰时刻 ⑥结束活动：集体朗诵，联手高歌

一、"会爱自己"活动实施细则，如表4-20所示。

表4-20　实施细则

活动1	热身活动：榜上有名
活动目的	活跃气氛，催化团体动力
操作流程	①每个人写一位人物的名字在纸上（可以是现代的，也可以是古代的），随意贴在另一位组员的背上（不能让他看见所写的人名） ②所有人站起来在场地中央，然后尽快猜自己背上的人名 ③每人可向别人问一个是非题，设法从答案中猜出背后所写人物是谁 ④如猜对了，便可除下背上的纸条，贴在黑板或墙上 ⑤待全部组员都猜到背上人名，游戏便完结 注意事项：①这是需要别人协助的游戏，可让大家更乐意去协助别人；②这是一个不竞争的游戏，应多鼓励组员向自己的能力挑战

活动2	你爱自己吗
活动目的	学会爱自己
操作流程	①爱你自己可以说是你所做过的项目中最重要的，因为这将改变你的世界。但是对自己不满意是十分普遍的现象。辅导教师在屏幕上打出影响自信的表现："12个迹象表明你没有真正爱自己。" 　　1）对别人"品头论足" 　　2）你从别人那里寻求认可 　　3）你把自己放在最后 　　4）重复着你不喜欢做的事情 　　5）常生气 　　6）过多地让别人对你的生活指指点点 　　7）你会说些善意的谎言 　　8）常掩饰你的情绪 　　9）不能做到优劣兼容 　　10）对自己很苛刻 　　11）不相信你的直觉 　　12）你没有跟随你的内心 ②各组交流自己存在哪几条，然后讨论从不自信到自信的方式方法 ③各组推荐代表全班分享 ④辅导教师给出相关参考建议 　　1）允许自己真实地表达 　　2）每天练习感激自己身上好的地方 　　3）试着看到自己在做每一件事时表现出的基本的优点，即使它并不完美 　　4）像对待亲密的朋友那样对待自己 　　5）用积极的肯定取代你内心的批评 　　6）相信能力是可以通过努力培养出来的 　　7）从你的每一个行为中看到自己善良的天性 　　8）做几个深呼吸，在心里对自己说：此刻的我就很好，很完美
活动3	优点轰炸
活动目的	学会赞赏，并且增强成员之间的关系
操作流程	①每人在自己手中的纸片上写下尽可多的自己的优点。完成后，请大家将此纸片暂时收起来 ②分组围坐在一起，每人重新拿一张纸作为优点信，并在纸的正上方写上自己的名字，每人依次将自己手中的纸片向右传，每人接到他人的纸片后，为他（她）写上尽可能多的优点、鼓励的话或对他（她）支持的话，直到每张优点信传到本人的左边一人为止

操作流程	③全体组员围坐成"U"字形，每次一人站到"U"字形口的中央，由另外的一名同学将大家写给他（她）的优点大声清晰地读出来，读完后大家一起对他（她）竖起大拇指并大声喊："×××（这位同学的昵称），你真棒，是真的真的非常棒！"每人依次接受同学的优点轰炸，认真聆听同学对自己的欣赏和肯定，全部轰炸完成后，每人将他（她）的优点信双手呈送给他（她）本人 ④接到同学写给自己的优点信后，认真读几遍，然后取出自己写给自己的优点，加以对照，然后根据大家的意见在纸上补充自己的优点 ⑤全体组员再次围坐成"U"字形，每次一人站到"U"字形口的中央，将自己完善后的优点大声清晰地读出来，读完后大家一起对他（她）竖起大拇指并大声喊："×××，你真棒，是真的真的非常棒！"每人依次接受来自舍友的优点轰炸 感悟与分享： （1）为自己写优点时，第一念头是什么 （2）同学写给你的优点中哪些是你未曾意识到的 （3）同学称赞你时感觉如何 （4）你称赞舍友时感觉如何
活动 4	即兴发言
活动目的	表达练习，提振信心
操作流程	①轮流站起来即兴发言（每人 2 分钟） 　1）表达自己对某件社会新闻的见解 　2）如果你是一名演员的话，愿意扮演什么角色，以及你为什么喜欢这个角色 　3）选择任何一个崇拜的人，列出他身上那些令人崇拜的特征和品质 　4）按照梦想中的最佳性格，改变形象、行为、个性，塑造一个崭新的自我 ②发言结束均鼓掌鼓励，然后请发言者转身闭上眼睛，其他成员用举手的方式表示是否给予通过，不能过关者下轮再演讲一次
活动 5	光的静心
活动目的	增能冥想
操作流程	①当你吸气时，想象一道强烈的光从你的脑袋进入你的身体，就好像太阳在靠近你脑袋的地方升起了——金色的阳光洒进你的脑袋中，你是中空的，金色的阳光正洒进你的脑袋中，洒进、洒进、洒进，越来越深、越来越深，然后从你的脚趾出来。当你吸气时，一边想象一边做 ②当你呼气时，想象另一番景象：暖流从你的脚趾进来，一股巨大的清澈之流正进入你的脚趾，一直向上，然后从头顶出来。慢慢地做深呼吸，好让你能够观想。要很慢很慢地做 ③然后重复：吸气，让金色光从头顶进入你，这道金色光会帮助你。它会清理你的整个身体，让它完全充满能量。当你呼气时，让暖流像泉流一样，从你的脚趾往上来：它会抚慰你，它会让你具有接受性，它会让你平静、镇定，让你神清气爽，然后从头顶出去。然后吸气…… ④感悟与分享

续表

活动6	结束活动：自我赋能
活动目的	增强内在能量，提升自信
操作流程	①和着轻柔的背景音乐，让我们找一个最舒适的方式坐着，两手平放在胸前 ②想象左手托着现实中不够自信的自己，想象一幅画面，包括画面的场景、颜色、状态、形状和感受 ③然后让我们开始想象右手托着理想中充满自信的画面，同样想象画面的颜色、形状和感受 ④现在，我们将理想中的画面融成一股能量，灌入自己的体内，从脚趾开始，慢慢地渗透每个细胞，将现实中压抑的影子挤走，这种能量越来越强大，延伸到了手臂，不由自主地两只手合并在一起，十指紧扣，这股力量一下冲破了头顶，好像宇宙大爆炸一样

二、"自我激励"单元活动实施细则，如表 4-21 所示。

表 4-21　实施细则

活动1	热身活动：传递呼啦圈
活动目的	考查大家的团队协作能力以及随机应变的能力
操作流程	①所有同学分两组，手牵手围成两个大圈，每个圈内放入一个呼啦圈 ②辅导教师站在圈外宣布开始计时，看两个小组顺时针传递速度的快慢 ③一般记为三圈一轮且中途不允许把手放开。快的一组即为胜者
活动2	神奇的手指
活动目的	体验心理暗示可以引起身体的活动，感受精神力量的重要作用
操作流程	①请大家把两手握在一起，食指伸直，平行，相距一两寸 ②注视自己的食指，想象有一根绷紧的橡皮绳缠绕在上面 ③然后开始在内心说话，语速要缓慢，语调要从容："我感觉到把手指拉得越来越近……越来越近……越来越近……" ④会有 1/2~2/3 的人对该暗示做出相应的反应 ⑤感悟与分享： 　1）是什么促使你的手指移动 　2）你有没有见过意识引发行动的其他事例 　3）那些手指保持不动的人是通过什么来抵消"橡皮绳"的力量的
活动3	注入信念
活动目的	用眼球脱敏来建立信念

操作流程	①伸出你的双手，大拇指翘起来，其他握在一起。把你的新信念放在手指尖上。默念三遍："我是独一无二的，我爱我自己，我鼓励我自己。我爱我自己，我相信我自己。我能成为一个优秀的人" ②头不动，让手指向右上方移动，眼球盯着手指尖上的哪个信念。从右下转向右上，再转回中间，再转到左上、左下，路径是一个躺着的"8"字形，时间1分钟以上
活动 3	气球辩论
活动目的	价值澄清，表达练习
操作流程	①教师介绍背景：一群名人乘坐豪华热气球旅行到了一个小岛上。当晚该地区发生强烈地震，该岛极有可能沉没。而正在此时，热气球发生了故障，必须要留下一些人减轻负载才能确保安全离开。那么问题来了：究竟应该把谁留下呢？所有人都愿意遵从大家的共同意志，于是这场大辩论就展开了…… ②每个人都设计扮演自己喜爱的古今家喻户晓的人物（伟人除外），请把名字大大地写在纸上，粘在胸前 ③每个人都有发言机会，并提出留下谁的建议，被提名的人可再次为自己辩解，之后进行投票，每人一票，票数最高的几人将被留下 ④每轮选出被留下的人数不断减少，被留下的人仍旧有发言权和提名权，但不具有投票权 ⑤讨论与分享： 　1）谈谈活动中的感受 　2）你在活动中存留了多久？是如何为自己辩解的？
活动 4	巅峰时刻
活动目的	成功冥想体验
操作流程	①教师念指导语： 　1）闭上眼睛，进入放松状态，深深吸一口气，慢慢呼出来……现在，你正舒舒服服地坐着，请仔细听我的引导，我将带你踏上美妙的旅程。现在只是放松，自由地呼吸，心无杂念。集中注意力于我的语言。好，我们上路了……你感到平静和舒适。听你自己深长和自如的呼吸……眼睛继续闭着，身体放松，慢慢地感觉周围的情况。一个美丽的场景正在浮现…… 　2）展开想象的翅膀，进入想象的境界：你看到了蓝蓝的天空中，白色的云朵到处漂浮着，你感觉自己在天空中飞翔，潇洒自如地飞动。在空气中往前飞的时候，你感到凉风轻轻拂着你 　3）你处在天空中，高高在上。现在往地面上看：你看到了下面蜿蜒起伏的宏伟青山。你发现远处群山后面矗立着一座壮观的城堡：你飞得近了一些，这时你看到这座城堡是由灰色的石头建成的，你离得更近了，你盘旋到了一个运动场的上空。这里周围布满鲜花和红旗。你看到了蜂拥而至的人群、数不清的闪光灯，听到了持续不断的欢呼声……你有一种预感，预感会有什么重大的事情发生。强烈的预感和好奇心促使你盘旋在空中仔细观看，你的兴奋感在继续增强

操作流程	4）慢慢地，你看到了兴奋的人群所关注的那个中心人物：万米长跑比赛的跑道上，一个非常健壮阳光的人在观众的欢呼声中一路领先，轻松夺得了冠军。接着，他将国旗披在身上，绕场慢跑，向周围的人们挥手示意；激动的人们将他围在中心，呼喊着他的名字，将他抬起，抛上天空，反复多次。随着欢呼声越来越大，你最终发现这个夺得冠军、让大家激动的人竟然是你。你的心因为自豪和激动而剧烈跳动。当祝福声变得几乎震耳欲聋的时候，你已经融入那个躯体，现在你看着这个宏大的场面，看着你的赞美者，上千人一起为你欢呼。当他们鼓掌的时候，自豪和快感溢满你的全身…… 5）现在慢慢地、慢慢地保持自豪和满意的感觉——渐渐地、渐渐地睁开你的眼睛 ②讨论与分享： 1）你对这场想象之旅感觉如何 2）以后你能回忆起这个形象吗 3）这个形象对你有多大的帮助
活动5	结束活动：集体朗诵，联手高歌
活动目的	自我激励
	①集体朗诵： 　　如果你不能做一棵青松挺立山巅，就去做峡谷中的一墩灌木……但要做最好的小丛摇曳在溪边 　　如果你不能做参天大树，就去做一棵矮树，乐而无怨 　　如果你不能做一棵矮树，就去做一棵小草，把大道装点得更加美丽 　　如果你不能做一条大马斯吉鱼，那你去做一条小鲈鱼也好……但要做最快活的小鲈鱼在湖中游戏 　　如果我们不能做船长，那就做水手，在这里我们都有广阔的天地。要做的事有巨有细，而我们必须急事优先 　　如果你不能做大道，那就做小路。如果你不能做太阳，那就做星星，大小并非决定成败的理由……做什么都要出类拔萃，精益求精 ②联手高歌

第七节　调节篇：与压力共舞

活动目标：正确面对压力事件，学习化解压力和忧虑的方法，提高抗压能力。

"与压力共舞"方案设计如表4-22所示。

表 4-22　方案设计

单元名称	单元目标	活动内容
压力释放	①交流生活、学习中经常遇到的压力，促进对自我压力状态的了解 ②认识压力，积极面对，提升应对压力的能力	①热身活动：顾此失彼 ②我说你画 ③快乐清单 ④肌肉松弛法 ⑤结束活动：放飞烦恼
提升能量	①学习舒缓压力的基本方法，掌握自我放松的要领和技巧 ②认识人际相互支持的作用，帮助应对与减轻压力	①"秘密花园" ②眼球移动术（EMT） ③NLP 三步减压法 ④编织"网络" ⑤结束活动：我的感恩

一、"压力释放"活动实施细则，如表 4-23 所示。

表 4-23　实施细则

活动1	热身活动：顾此失彼
活动目的	感受压力，营造氛围
操作流程	①学生围成一个圆圈，面向圆心站好，然后把左手张开伸向左侧人，把右手食指垂直放到右侧人的掌心上 ②辅导教师描述一段话，其中出现某个词时，所有人左手设法抓住旁边人的食指，右手设法不被抓住 ③被抓住者站到中间回答问题或表演节目。抓住别人同时被抓，则算平手
活动2	我说你画
活动目的	压力投射游戏
	①将事先准备好的彩笔和硬纸板分别发给每位参与者 ②宣布游戏规则：根据指令一笔一笔地画，不要涂擦。在画的过程中，注重第一感觉，随心而画，不要询问，也不要和旁人商量 ③先画一个大圆，再画很多条直线，再画一个中圆和两个小的椭圆，再画一个直钩和两个半圆 ④将自己的作品展示给大家看，大家从中挑选出感觉最好的作品和最不好的作品（最好的指看起来像一幅画；最不好的指什么也不像） ⑤请被选出的最好作品的作者 A 和最不好作品的作者 B，讲述自己完成作品的过程 ⑥交流分享：这是一个利用心理投射原理进行的心理测验游戏。并没有想要大家画出什么，只是想通过这个活动让大家明白，在完成同样一件事情时每个人所感受到的心理压力是不同的。A 的心理压力最大，B 几乎没有什么心理压力。原因是，A 在接受外部工作任务的同时，又不自觉地给自己又下了一道任务，例如，"我必须……""我应该……"等。这样任务加任务就使得任务变得复杂化，他执行起来难度就加大，心理压力就大。从这个角度讲，心理压力是我们自己造成的

续表

活动 3	快乐清单
活动目的	交流压力应对方法
操作流程	①请大家肩并肩围成圈站立，然后向右转，呈前后站立围成圈 ②根据指令，请后面的成员为前面的成员敲背、捶肩、捏肩膀，可以向前围成圈走动，边走边敲边唱："敲敲背呀敲敲背呀、捶捶肩呐捶捶肩呐……" ③走动两圈以后向后转，继续为前面的成员敲背、捶肩、捏肩膀。等大家气氛活跃、身体放松后停止游戏 ④根据自己的体验，列出所有有助于自己放松的活动，并选出三个效果最好的方法制订一份幸福清单，设定并公布自己想要从事的放松和减轻压力活动的清单，特别是那些方便在平时参与进行的活动 ⑤交流分享： 　1）平时大家处于高压力状态下可能会出现哪些反应？你通常使用哪些方法对抗压力？效果如何？ 　2）你如何实施你的幸福清单？
活动 4	身体扫描
活动目的	肌肉松弛
操作流程	①先深深吸一口气，慢慢呼气，然后集中注意力对身体的各个部位，当你关注到某个部位时便称之为"注意力扫描"。从你的头部、颈部、肩膀、手臂、胸部、腹部、臀部、大腿、小腿、脚，一直到脚趾，扫描到哪里，就去感受是否放松了，没有放松，就停下来，察觉肌肉紧张所在，随呼气把感觉紧张的"内在压力"顺势排出体外。想象你的每一块肌肉在慢慢下沉。一次 10 分钟，一天几次，你会发现压力会很快缓解 ②全身的每个环节统统放松，扫描完毕 ③感悟与分享
活动 5	结束活动：放飞烦恼
活动目的	找到对付各自问题和烦恼的办法
操作流程	①请每个学员在一张纸上写出一个压力问题或烦恼 ②写完后把纸折成一架飞机，然后一起放飞到中间空地 ③请一位学员捡起一个纸飞机，大声朗读上面写的问题 ④由捡纸飞机的人和其左右两个人组成一个 3 人小组，用 30 秒的时间讨论可能的解决办法，其他人也展开自由讨论应对办法 ⑤先请 3 人小组说出他们的答案。再请其他提供帮助的人说出答案

二、"提升能量"活动实施细则，如表 4-24 所示。

表 4-24　实施细则

活动 1	"秘密花园"
活动目的	调整状态，释放情绪
操作流程	①在一幅只有线条的黑白画幅上涂抹填充颜色。"绘画"过程中的情绪表达完全是无意识的，不受拘束，因此更加流畅 ②在小组展示自己的填色图，相互交流欣赏
活动 2	眼球移动术（EMT）
活动目的	放松练习
操作流程	①集中思想于你感到有压力的事，直到你认为忧虑程度达到 6°以上（完全无法忍受的情况为 10°），然后保持头部竖直不动，飞快地在左右两个物体之间转动眼球 25 次 ②这时再评估一下你的压力程度，至少下降了 2°；再重复一次眼球运动，直到压力不再影响你的正常工作为止 眼球运动能减压的原理到现在也没有弄清，但可以肯定的是，每做一次这样的运动，减压效果就会增强一番
活动 3	三步减压法
活动目的	减压技术练习
操作流程	①感受一下自己的心情。如果用数字表示，最坏是 10，最好是 1，你现在的心情是多少 ②闭上眼睛，做几次深呼吸。然后想象自己像一具呈半透明的人体模型，身体里面的器官和系统，运作良好的组织和结构，都是接近透明的，构成多个水箱般的单位。不好的东西，如造成紧张、疼痛、发炎、溃疡、脓肿的东西，都有颜色，把它们都做成好像污水的液体，储存在那些水箱里 第一步——清除污水。想象全身都有污水，里面充满让你感到疲劳、紧张、辛苦、压力、酸痛及其他负面感觉的东西。现在，想象每个部分的水箱开始由头到脚按次序把污水排走，看着水位渐渐下降。身体哪部分有不适，就运用象征实物化，想象那份不适是粒状或粉状的东西，附在不适的部分。它们现在开始剥落，掉到污水里一同排走。当全身的污水排去后，检查一次，若有残余污水，可想象放入一些清水把它带走 第二步——添增能量。把有用的能量加进身体，帮助身体处理问题。正面的能量基本上可以是白色的，像牛奶，称之为能量牛奶，也可以是黄光。让能量牛奶或黄光从头顶开始进入身体……首先是脑，然后是头的其他部分，按次序注入全身。特别需要照顾的部分，可想象凝聚在那些部分的能量特别强

续表

操作流程	第三步——处理问题。逐一对身心的问题进行处理,想象那些能量把问题改善:"象征实物化"了的问题形状,由于有能量牛奶或黄光的帮助,渐渐变成问题解决了的形状(如发炎部分本来是深红色,慢慢变成红色,再变成粉红,最后变成正常的颜色;紧张焦虑的部分,慢慢消除了)。重复多次改善的过程,感到舒服了,然后转去下一个问题的处理 好了,现在体会一下你的心情。如果用数字表示,按最坏是 10,最好是 1 来算,你觉得你的心情的指数是多少呢?是不是心情好了许多
活动 4	编织"网络"
活动目的	建立人际支持网络
操作流程	①请在人际支持系统网中写下你在遇到困难和压力时,可以寻求到帮助的资源。请设想,当你遇到灾难或是无以名状的忧郁危机之际,你将和谁倾心交谈?你会向谁发出 SOS 呼救?你能得到谁的帮助?在空格内填写一个名字或称呼,这个人是你危难时刻能给你支持和帮助的人 ②现在请你看一看,你填在第一位的是谁?为什么选他(她)?在你遇到困难和挑战的时候,你是怎样向他(她)寻求支持的 ③如果你的支持系统都是男性或都是女性,就有些问题。两性看问题的角度不同,这是特点也是缺点。好比一扇窗户,开在南墙和开在北墙,光线进入的时间不同,被照亮的部分和阴影的覆盖也会有所不同 ④检查一下系统成分。系统里是否都是你的亲人?如果是,则要恭喜你,你的亲人和你站在一起,与你保持着高度的信任和友谊,可喜可贺。提醒你,如果这个系统里的绝大多数成员都是你的至爱亲朋,那么也潜伏着非同小可的危险。日常所遭遇的危机,有很大一部分和我们的亲人有关。尤其是感情上的纠葛,更是牵一发而动全身。你的亲人很可能就是当事人。总之,成分要多种多样。如果支持系统名单太少,就要酌情增加 ⑤再看看有没有年龄上的跨度。人生阅历不同,各个年龄段的人,有着不同的经验和感悟。你如果只交一个朋友,那么他的年龄就不是一个问题。现在谈的是一个系统,是一组人而不是一个人。为了使你的支持系统更加有效和坚实,跨度是必要的。人的支持系统要丰富多彩才好 ⑥他人成为你的支持系统,你也是他人的支持系统,这是人与人之间淳朴友谊的法则。当你的朋友向你哭诉的时候,你切忌把这看成是倾倒心理垃圾。在那些似乎琐碎的述说里,潜藏着珍贵的秘密 为你的支持系统画一张新的蓝图。蓝图当然还不是现实,但有了图纸,就有了建设的希望。编织你美丽的支持系统吧。你在积累物质财富的同时,也要浇灌支持系统的田垄
活动 5	结束活动:我的感恩
活动目的	感恩是力量来源,同时让班级变得更温暖
操作流程	①回想现在你所在的班级,有哪些让你印象深刻的人,他(她)做过哪些让你感动的事情。请写在卡片上 ②自愿站起来和大家分享 ③所有学员围成一圈,每个学员想一个动作及口号,让大家一起来为自己欢呼

第八节　情绪篇：我的身心我做主

活动目标：①通过创设活动情境，协助个体更深入地了解情绪，察觉自己的情绪；②学习情绪的自我调节方法，学会做自己情绪的主人。

"我的身心我做主"方案设计如表4-25所示。

表4-25　方案设计

单元名称	单元目标	活动内容
情绪色彩	①认识自我情绪，了解团体成员的人际色彩 ②学会恰当的情绪纾解方式	①热身活动：情绪辨识 ②情绪描述 ③情绪觉察 ④自律神经训练 ⑤结束活动：蝴蝶拥抱
做自己的情绪调节师	①检视自己在人际中的情绪反应 ②学习情绪的自我调节方法，学会感受放松与快乐	①推掌 ②波涛汹涌 ③凡人、天使和恶魔 ④情绪颜色 ⑤结束活动：心灵华尔兹

一、"情绪色彩"活动实施细则，如表4-26所示。

表4-26　实施细则

活动1	热身活动：情绪描述
活动目的	调动情绪，活跃气氛
操作流程	①全体围成圈，每人说一句描述情绪的词汇，提升我们对情绪的感受力 ②一轮说完了，可以继续进行第二轮、第三轮……
活动2	情绪辨识
活动目的	喜怒哀乐都有不同的表现形式，认真体会这些外在的形式，对于深入理解情绪的内涵有重要意义
操作流程	①将喜、怒、哀、乐、悲、害怕、受伤、惊吓等情绪写成卡片，每个小组成员抽取一张卡片，然后依照卡片上的内容，进行情绪表达。然后，其他小组成员就其表达是否恰当，准确给予评判 ②每个成员都要谈谈自己认为的处理情绪最重要的一条原则，并讲出原因。最后小组归纳出若干原则

续表

活动3	情绪觉察
活动目的	学会情绪觉察，进而调整情绪
	①请写出你在以下情境中可能做出的情绪反应 情境一：被人误解、嘲讽 情境二：与室友发生矛盾冲突 情境三：与同学约好一同去博物馆，但等了很久他也没有来 ②分析你的情绪状况属于哪一种类型 　1）过激反应 　2）消极反应 　3）积极反应 ③写出再次面对那个情境时，你会有怎样的调整
活动4	自律神经训练
活动目的	练习自我调节的方法，协调情绪对身心的影响
操作流程	①先让学生体会沉重感：采取一种你认为舒适的姿势，闭眼，平稳地用腹部吸气，自然放松。我的右臂越来越沉了（3~6次），我的右腿越来越沉了（3~6次），我的左腿越来越沉了（3~6次），我的左臂越来越沉了（3~6次）……睁开眼睛，摆脱沉重感，将胳膊前后弯曲几次 ②再让学生体验温暖感：我的右臂越来越温暖，越来越温暖（3~6次），我的右臂已经完全温暖了，我感到无比温暖……当你重复这一温暖程序时，努力想象将右臂放入一桶温水中，或一只手臂正在热乎乎的太阳照耀下。依次进行右臂、右腿、左腿、左臂练习……然后睁开眼睛，动动四肢，扔掉沉重感和温暖感 ③接着感受静心：把右手放在左腕脉搏处或胸口，感觉到心跳，然后不出声地对自己重复3次：我的心跳平静而稳定，我胸膛感到温暖和愉悦，我的胃正在变软变温暖，我的前额很凉爽很舒服，我感到无比平静 ④感悟与分享
活动5	结束活动：蝴蝶拥抱
活动目的	处理心理创伤的自我疗愈
操作流程	①双手交叉在胸前，中指尖放在对侧锁骨下方，指向锁骨方向。可以闭上或者半闭上眼睛 ②将你的手想象成蝴蝶的翅膀，像蝴蝶扇动翅膀一样，缓慢地、有节奏地交替摆动你的手，例如，先左手，后右手 ③缓慢地深呼吸，留意你的思绪和身体感受。在这一刻，你在想什么？脑海里有什么样的景象？你听到了什么声音？闻到了什么样的气味？观察你的想法、感受，不去评判它们 ④把这些想法、感受看作天上飘过的云彩：一朵云彩来了又去了，我们只需静静地目送，不去评价它的好坏。重复6~8次"蝴蝶扇翅"，直到身体平静下来

二、"做自己的情绪调节师"活动实施细则

表 4-27　实施细则

活动 1	推掌
活动目的	体会抗拒和释放抗拒
操作流程	①首先，把两只手掌合十放在胸前，就像祷告或拜佛的样子。然后，决定由一只手来推，另一只手来挡。比如，你先用左手来推，右手来挡。右手通过挡的动作来保持自身位置的不变，而不是被左手推开。当这么做的时候，尽可能体会右手抗拒左手推动的感觉 ②其次，放弃右手对左手的抗拒，试着不要用右手的力量去控制左手。不要用头脑去控制右手的抗拒，只是让右手保持原先的位置 ③重复这个动作几次，把推的手换成挡的手，挡的手换成推的手。注意体会放开抗拒时是什么样的感觉。当你抗拒的时候，感觉挡的这只手很用力，推的这只手也更用力了。当你挡的这只手放开对另一只手的抗拒时，感觉这只手很有力量 ④在做完这个练习后，花一点时间思考一下对于释放抗拒的体会。然后，使用这个释放抗拒的方法来释放掉任何的抗拒。在其他时候，想要放开对某件事的抗拒时，想象这个动作。感觉可以更快地释放掉抗拒，让自己归于平和 ⑤感悟与分享
活动 2	波涛汹涌
活动目的	情绪宣泄，感受快乐
操作流程	①每人 1 个不同彩色的气球，然后把自己的烦恼写在气球上 ②每人抛高自己的气球，并尽力让气球停留在空中，同时尝试打破气球
活动 3	凡人、天使和恶魔
活动目的	引导成员用 ABC 理论对以往负面情绪体验加以重新解释，练习积极评价来改变以往的情绪体验
操作流程	①将成员随机分成 3 个人一组 ②3 个人分别扮演凡人、天使和恶魔的角色。天使和恶魔分别对凡人的"烦恼"从积极和消极的角度进行评价。例如，凡人：真倒霉，我的开水瓶被偷了。恶魔：你一直都很倒霉的，上次还丢了图书馆借的书，还罚了款。天使：大家都一样的，都会碰到这种事，丢了换个新的更好，你那个已经很旧了，迟早有一天也会坏的嘛 ③3 个人轮流交换角色，保证每个人都扮演过每一个角色 ④感悟与分享：你在扮演不同角色时有什么感受？对你有什么启示

续表

活动4	情绪颜色
活动目的	感受快速消除负面情绪的技巧
操作流程	①闭上眼睛坐着，想一件带给自己负面情绪的事，深呼吸，呼吸的时候把注意力放在两个肩膀，仿佛回到当时的那份感觉，那份情绪。当你有这样的感觉时就可以睁开眼睛。那是一份怎样的情绪？如果用1~10分评分，1分是程度最轻，10分是程度最高、最严重，你内心的这份情绪是几分 ②站起来，走开数步，转身看着自己坐的椅子，想象刚才自己坐在那里的模样。对他说："你是我的一个重要部分，多谢你一直以来对我的照顾。请你把情绪收回，我一定会做些事情去处理这个问题，我需要你的合作，可以吗？" ③伸出一只手，想象什么颜色最能代表心里那份情绪，用手势显示出心中情绪的大小，往后退一步。当后退时，只有这堆情绪留在原位，悬浮在眼前 ④想象身旁有一个按钮，伸出手指按下去，让这份负面情绪变成微粒，就像科幻电影里的一样，全部高速飞向坐在椅子上的自己，过程中也许出现很多光和热，也许出现嘈杂的声音，眼睛盯着微粒离开，直到全部微粒都飞走为止 ⑤深吸一口气，感受一下充满的正能量在身体里流动，做3个深呼吸，把这一份能量保留在心中。感觉一下现在心里觉得怎样，还有没有那份情绪，通常会觉得已经好了很多
活动5	结束活动：心灵华尔兹
活动目的	相互配合，携手共进
操作流程	①两人一组，一人闭上眼睛，伸出一只手，手心朝下；另一人用一食指托顶对方手心，随音乐起舞 ②2分钟后互换角色。再2分钟后，互换舞伴

第九节 交往篇：没有人是一座孤岛

活动目标：促进学生发展正确的交往心态，学习解决人际问题的技巧及能力，提升团体成员的团队精神，促进人际和谐。

"没有人是一座孤岛"方案设计如表4-28所示。

表4-28 方案设计

单元名称	单元目标	活动内容
聆听我心	①让学生了解自己在人际交往方面存在的具体问题，有效利用肢体语言，形成新的交往意识和交往心态 ②引导成员更坦诚地对待与朋友的关系，学会尊重和理解，学会与不同类型的人交往	①热身活动：问候与道歉 ②听与说 ③扑克传递 ④倾听练习 ⑤盗梦空间 ⑥结束活动：彼此配搭

沟通无障碍	①通过具体活动、场景和事件，使学生理解交往中双方互动的重要性，协助成员检视自己的沟通方式 ②学习如何选择恰当准确的词汇来表达自己的思想观点和感受，提高语言运用能力，学习成功交往的技巧	①热身活动：哑人排队 ②单行道与双通道 ③沟通型态 ④双椅对话 ⑤泰坦尼克号 ⑥结束活动：快乐大转盘
你我同行	①体验相互合作、支持的重要性 ②帮助成员学会营造良好和谐的人际关系氛围	①热身活动：同舟共济 ②默契配合 ③不倒森林 ④难忘事件 ⑤结束活动：组员的期望

一、"聆听我心"活动实施细则，如表 4–29 所示。

表 4–29　实施细则

活动 1	热身活动：问候与道歉
活动目的	打破隔阂，营造团体氛围
操作流程	①在轻快的背景音乐下，由领导者先抛出抱枕，接到抱枕者站起来，回想自己最想道歉的一个朋友，说出自己的歉意，然后大声地喊"对不起"。其他成员对他说："我原谅你！" ②然后他再把抱枕抛给别人，在丢给下一位成员时，要说出某某人丢给某某人，并附带说一句问候或赞美的话
活动 2	听与说
活动目的	体验人际交往的规范
操作流程	①2 人一组背对背，彼此看不到对方，但听得到声音。彼此以共同喜好的题目交谈 2 分钟。只能用言语沟通，不能对视或接触 ②接下来，换方式沟通：彼此可相对坐着，同样交谈 2 分钟 ③然后继续互相望着，但这 2 分钟不可以讲话，而是用其他的方式如手势、表情…… ④感悟与分享： 1）说话的人的感受是什么？听的人的感受是什么？ 2）你心中所期待的沟通互动是哪一种方式？
活动 3	扑克传递
活动目的	①认识团队合作的重要性，体验良好的团队合作带来的成就感 ②学会在团体合作中尝试新的问题解决方法

续表

操作流程	①分组：活动开始前辅导者根据人数将成员分为若干组，每组 6~8 人（每组人数要相同）。同时在每组设定一位"自由人"。给每组发 5 张扑克牌 ②宣布活动规则：每组成员需要完成一项任务，将扑克牌从第一位成员的手上传递到最后一位成员手里。整个传递过程中，只有第一位成员可以双手接触扑克牌，其他成员只能一只手接触扑克牌，但在传递过程中，必须保证所有的成员都接触过扑克牌。传递的方式可以自由发挥，"自由人"在整个传递过程中，可以帮助小组捡掉在地上的扑克牌。完成传递后，迅速向计时员报告 ③各组同时进行传递，辅导者请几位助手对各组传递过程进行计时并记录 ④第一轮传递完成后，辅导者统计各组所用时间，报告哪组传递速度最快，并给各小组 3 分钟讨论时间，然后开始第二轮传递。共进行三轮 ⑤活动结束后辅导者向成员宣布各组每轮所用的时间，组织全体成员分享和讨论活动过程中的感受： 1）在扑克传递的过程中，团队是如何合作的？ 2）什么因素可以保障扑克牌的传递速度？怎样保持传递的高效无误？ 3）如果再做一次传递，有没有更好的方法让扑克牌的传递速度更快？
活动 4	倾听练习
活动目的	情景体验，感受有效沟通
操作流程	①4 人一组，设置情景交谈 情景 1：角色 A：一贯学习成绩不错，周围的人都认为考上重点大学没有问题，结果落榜了，情绪非常沮丧。落榜后，找到自己的教师和朋友倾诉（可根据自己的经历或提供的情境谈自己的感受） 角色 B：A 的现任教师（听了 A 的诉说给予回应） 角色 C：A 的好朋友（听了 A 的诉说给予回应） 角色 D：观察员。观察 B、C 是怎样倾听并回应 A 的（语言与非语言） 情景 2：角色 A：和男朋友刚分手，内心非常苦闷、烦恼，找朋友倾诉 角色 B：A 的异性朋友（听了 A 的诉说给予回应） 角色 C：A 的同性朋友（听了 A 的诉说给予回应） 角色 D：观察员。观察 B、C 是怎样倾听并回应 A 的（语言与非语言） 情景 3：角色 A：和室友发生矛盾，内心非常苦闷、烦恼，找朋友倾诉 角色 B：A 的异性朋友（听了 A 的诉说给予回应） 角色 C：A 的同性朋友（听了 A 的诉说给予回应） 角色 D：观察员。观察 B、C 是怎样倾听并回应 A 的（语言与非语言） ②感悟与分享
活动 5	盗梦空间
活动目的	考验沟通方式、系统思考、过程管理、信息整合

操作流程	①随机给每人发 1~3 张卡片，自己的卡片只允许自己看到 ②禁止使用手机等通信工具，只能用语言的形式传递信息 ③游戏体验过程中，任何人不得擅自离开自己的位置随意走动；如需上交卡片，举手示意 ④上交卡片后，依然坐在原地不动，直到最后一位队员把手中的最后一张卡片交到辅导教师的手中后，方可活动 ⑤卡片在交付过程中，必须是反面朝上，最后一起翻开，按照正确的逻辑顺序排列好，检查游戏卡牌顺序正确则任务完成 ⑥感悟与分享
活动 6	结束活动：彼此配搭
活动目的	感受团队协作
操作流程	①4 人一组，分别是"脑""眼""手""口" ②规则：除了当眼睛的一位，其他的人都要蒙眼。"脑"只能发号施令，"眼"只能看，"手"只能做动作，"口"只能说话或饮食 ③带领者讲出一个动作，例如，吹气球、吃香蕉、涂口红等，各组员按职分合作完成

二、"沟通无障碍"活动实施细则，如表 4-30 所示。

表 4-30　实施细则

活动 1	热身活动：哑人排队
活动目的	肢体语言的表达，团体的配合训练
操作流程	①每组 12~16 人，10 分钟内以各自的出生年月为序排队 ②其间不能讲话，可以使用肢体语言（有人说话，即刻让他成为盲人） ③讨论与分享： 　1）你是用什么方法来告知你出生年月的 　2）沟通中都遇到了什么问题？你是怎么解决这些问题的 　3）你觉得还有什么更好的方法
活动 2	单行道与双通道
活动目的	体验如何有效沟通
操作流程	①两两背靠背坐，其中一人述说 A 图上的几何图，另一个人按听到的在白纸上绘图，除了可以要求述说的人再说一遍，不可以问任何问题 ②待完成比较图的差异，讨论是什么影响了沟通 ③互换角色读 B 图，过程中可以提问交流 ④回到团体中一起讨论： 　1）为什么同样的指令有不同的结果？体会单向沟通与双向沟通的差异。人际沟通应该是双向互动的过程，单向沟通会造成许多人际问题与纷争 　2）你在沟通中是否做到双向沟通？你打算如何改进？

续表

活动3	沟通型态
活动目的	了解沟通的状态，检视自己平日沟通型态
操作流程	①解说并示范四种沟通型态，分发沟通型态表 ②4人一组，让成员抽签角色，角色扮演的情境为：今天是星期日，明天就要段考了，A（讨好型）、B（责备型）、C（超理智型）、D（打岔型）为班上的四剑客，他们现在正在图书馆准备段考的科目。也许是有些累了，A提议去逛街，B开始否定其提议，C则理智的分析其利弊，在这期间，D则不断说一些与话题不相干的事，于是场面逐渐失去控制 ③其他成员猜猜各个角色分别代表哪种类型 ④分享活动过程中的感受及想法
活动4	双椅对话
活动目的	体验人际沟通中的倾听、表达与回应方式
操作流程	①2人一组，A用平时自己习惯的语气和句式表达对"男性化与女性化"问题的看法和情感；B表达与上述表现相反的观点和情感 ②2分钟后，交换座位，B用平时自己习惯的语气和句式表达对"异性之间是否存在友情"问题的看法和情感；A表达与上述表现相反的观点和情感 ③角色翻转练习。要求用语言和非语言的形式，轮流表演自己平时很少或从不表现出来的另一面。如让谦让的人表演霸道者的言行，殷勤的人扮演懒惰者，温柔的人扮演凶恶者，武断的父亲扮演委屈的儿子，自卑的人扮演自大者，外表坚强的人扮演软弱无力者、爱奉承别人的人扮演一些挖苦别人的言行等 ④感悟与分享
活动5	泰坦尼克号
活动目的	练习遇到困难时，如何做计划、如何合作以及如何有效地利用有限资源
操作流程	①背景故事：泰坦尼克号即将沉没，船上的乘客须在"泰坦尼克号"的音乐结束之前利用仅有的求生工具——7块浮砖，逃到一个小岛上 ②辅导教师指导学员布置游戏场景：将25厘米的长绳在空地上摆成一个岛屿形状，在另一边摆4个长凳，用另外的绳子作为起点 ③给学员5分钟时间讨论和试验 ④出发时，每一个人必须从长凳的背上跨过（就如同从船上的船舷栏杆上跨过），踏上浮砖。在逃离过程中，船员身体的任何部分都不能与"海面"——地面接触 ⑤自离开"泰坦尼克号"起，在整个逃离过程中，每块浮砖都要被踩住，否则会将此浮砖踢掉 ⑥全部人达到小岛，并且所有浮砖都被拿到小岛上之后，游戏才算完成 ⑦感悟与分享： 　1）你们组想出什么样的办法来达成目标 　2）小组是否确定出领导者？是根据什么确定的？撤离方案的形成是领导者的决定还是小组讨论的结果 　3）你们的方案是否坚决贯彻到底了？中间发生了什么变化？为什么

续表

操作流程	4）事后回顾当初的方案觉得是否可行？有更好的方案吗？为什么当时没有想到或没有提出来 5）小组是如何分配组员撤离的先后次序的？考虑到了什么因素
活动 6	结束活动：快乐大转盘
活动目的	体验人际交往的黄金法则：像希望别人怎样对你那样去对待别人
操作流程	①全体以内圈外圈形式面对面 ②双方出拳三轮。出石头，表示"点头"；出剪刀，表示"握手"；出布，表示"击掌"；出拇指，表示"拥抱" ③手势相同，做动作。不相同则互瞪一眼，跺一下脚，并说"不够默契"

三、"你我同行"活动实施细则，如表 4-31 所示。

表 4-31　实施细则

活动 1	热身活动：同舟共济
活动目的	增强团队凝聚力
操作流程	①将报纸铺在地上，代表汪洋大海上的一条船，要求小组成员全部登船，经过讨论拿出最佳方案，使小组成员站在纸上坚持 10 秒钟 ②将报纸对折，继续……直到不能完成
活动 2	垒扑克牌
活动目的	团队配合练习，检视默契
操作流程	①为每组分发一副扑克牌，每组队员需要在 10 分钟内用扑克牌垒出一个"牌楼"，高度最高的队伍获胜 ②游戏中可以带动大家的思维，比如给一些提示：W 形状和 V 形状都是最稳的；根基必须要够大够稳才能支撑更高的"牌楼" ③感悟与分享：团队成功需要什么？如何找准自己在团队中的位置
活动 3	不倒森林
活动目的	感受到团队的默契和节奏
操作流程	①每组 10 人左右围成一个圈，每人拿一根同样的竿，高约 150 厘米，大家围成一个圆圈，面向圆心站立，间距一步左右，用右手掌心按住竿，保持竿直立 ②左手放在背后，集体开始顺时针或逆时针移动，即向旁边移动一步，人动，竿不动，并且竿不能倒，其间不能抓竿。竿倒时，要重新开始。最后回到原位 ③感悟与分享： 1）在这个项目中，你的责任在什么？是不是仅仅抓住前面的竿子就够了？ 2）团队是一个整体，每个人都像是这个齿轮上的一个齿，少了谁都不能正常运转 3）看似不可能完成的任务，通过团队的力量完成之后，你的内心感受是怎样的？

续表

活动4	难忘事件
活动目的	促进更清晰积极的交往认知，感受彼此的接纳和支持
操作流程	①每个人在小组中讲述生活中一件涉及人际关系、情绪管理的难忘事件 ②组员开放坦诚地表达个人的感受和态度
活动5	结束活动：组员的期望
活动目的	团队成员相互支持鼓励
操作流程	①每人背后贴一张纸，组员将期望他人改变的地方写在纸上，然后每人看一看，是不是符合自己，是不是也正是自己想改变的地方，哪一条最符合自己 ②用最能给大家留下深刻印象的一个体态语表达你参加团体心理辅导小组的收获，并面对大家说一句最想说的话

人际沟通五类型如表4-32所示。

表4-32 人际沟通五类型

	语词	情绪	自我概念	行为
讨好型	＊都是我的错…… ＊没有你，我一个人不行…… ＊我在这儿，就是为了让你高兴…… ＊没事没事……	＊无助的 ＊受伤的 ＊不满的 ＊焦虑的 ＊被压抑的愤怒	＊我一无是处 ＊我没有价值 ＊没有人喜欢我 ＊我必须让别人快乐，别人才会喜欢我	＊哀求或请求宽恕 ＊取悦别人 ＊屈服 ＊乞求 ＊顺从 ＊依赖
指责型	＊你从来没做对过…… ＊你到底在搞什么…… ＊都是你的错…… ＊我不是已经讲得很清楚，你怎么……	＊愤怒的 ＊挫败的 ＊害怕失去控制 ＊被压抑的受伤 ＊孤单的	＊没有人关心我 ＊除非我这样大喊大叫，否则没有人把我当人看 ＊我是孤单且失败的	＊攻击 ＊批判 ＊咆哮 ＊找碴 ＊控制
超理智型	＊按照过去的经验来看…… ＊依据目前的资料分析…… ＊一切都应该有个道理，有个规矩…… ＊大家都理智就没错……	＊固执的 ＊脆弱的 ＊仅流露少许情绪 ＊害怕失去控制 ＊空虚的 ＊孤立的	＊我必须让别人知道我是很聪明、头脑清楚、很讲道理的 ＊我感到缺乏控制 ＊我很难表露感受，所以表现出没有感觉的样子	＊僵硬而刻板的姿势 ＊冷淡、严肃而高人一等的神情 ＊喜欢提建议 ＊不带人性的客观、无聊的

121

续表

	语词	情绪	自我概念	行为
打岔型	＊咦！我的铜板怎么不见了。 ＊哎！来点别的，干吗钻牛角尖！ ＊跟你说个笑话，那天……	＊极为敏感的 ＊孤单、孤立的 ＊唐突的 ＊焦虑、空虚的	＊我觉得有压力 ＊没有人在乎我 ＊这里没有我的位置 ＊我必须引起别人注意	＊莫名其妙 ＊牛头不对马嘴 ＊顾左右而言他，干扰、声东击西
一致型	＊你的……行为，让我感到……我期望……	＊平和、平静的 ＊自信而开放的	＊我可以真诚而开放地表达自己 ＊我能够聆听他人、尊重自己和情境三者	＊有活力的、有爱心的 ＊自信的、平衡的 ＊负责任的、接纳的

第十节　相处篇：帮助别人就是强大自己

活动目的：学习问题决策与团队互动，提升团体成员的团队精神，促进人际和谐。

"帮助别人就是强大自己"方案设计如表4-33所示。

表4-33　方案设计

单元名称	单元目标	活动内容
伴你同行	①体验团队合作的意义与快乐 ②通过助人与受助的体验，增加对他人的信任与接纳	①热身活动：顶气球 ②迷失丛林 ③齐眉竿 ④信任之旅 ⑤结束活动：万里长城永不倒
风雨同舟	①了解面对挑战时给予同伴关注与激励的重要意义 ②通过活动让学生体验团队合作和协调的重要，培养学生的合作意识	①热身活动：最佳组合 ②流沙河谷 ③泰坦尼克号 ④突破雷区 ⑤结束活动：能量传递

一、"伴你同行"活动实施细则，如表 4–34 所示。

表 4–34　实施细则

活动 1	热身活动：顶气球
活动目的	活跃气氛，打破僵局
操作流程	①全体成员分成两组，每组成员每人手中持一个气球，开始时向空中抛出一个气球，成员可以使用手、头、膝盖顶气球，但不能用脚，使气球始终保持在空中，不能落地 ②然后逐个添加气球，直至所有的人把球抛完
活动 2	迷失丛林
活动目的	通过具体活动来说明，团队的智慧高于个人智慧的平均组合，只要学会运用团队工作方法，就可以达到更好的效果
操作流程	①把"迷失丛林"工作表发给每一位学员，而后讲下面一段故事：你是一名飞行员，但你驾驶的飞机在飞越非洲丛林上空时飞机突然失事，这时你必须跳伞。与你们一起落在非洲丛林中的有 14 样物品，这时你们必须为生存做出一些决定 ②在 14 样物品中，先以个人形式把 14 样物品以重要顺序排列出来，把答案写在第一栏 ③当大家都完成之后，培训教师把全班学员分为 5 人一组，让他们开始进行讨论，以小组形式把 14 样物品重新按重要次序再排列，把答案写在工作表的第二栏，讨论时间为 10 分钟 ④当小组完成之后，把专家意见表发给每个小组，小组成员把专家意见转入第三栏 ⑤用第三栏减第一栏，去绝对值得出第四栏，用第三栏减第二栏，得出第五栏，把第四栏累加起来得出一个个人得分，把第五栏累加起来得出小组得分 ⑥把每个小组的分数情况记录在白板上，用于分析 　1）找出团队得分低于平均分的小组进行分析，说明团队工作的效果 1+1>2，团队的智慧高于个人智慧的平均组合，只要学会运用团队工作方法，就可以达到更好的效果 　2）挑出个人得分最接近团队得分的小组及个人，说明该个人的意见对小组影响力 ⑦分享： 　1）你所在的小组是以什么方法达成共识的 　2）你所在的小组是否有出现意见垄断现象？为什么 　3）你对团队工作方法是否有更进一步的认识

操作流程					

《迷失丛林》工作表

供应品清单	第1步 个人顺序	第2步 小组顺序	第3步 专家排列	第4步 （3-1） 个人和专 家比较	第5步 （3-2） 小组与专 家比较
药箱					
手提收音机					
打火机					
3支高尔夫 球杆					
7个大绿色 垃圾袋					
指南针 （罗盘）					
蜡烛					
手枪					
一瓶驱虫剂					
大砍刀					
蛇咬伤药箱					
一盒轻便食物					
一张防水毛毯					
一个空热水瓶					

专家的选择

药箱6，手提收音机13，打火机2，3支高尔夫球杆11，7个大绿色垃圾袋7，指南针（罗盘）14，蜡烛3，手枪12，一瓶驱虫剂5，大砍刀1，蛇咬伤药箱10，一盒轻便食物8，一张防水毛毯4，一个空热水瓶9

小组分数情况分析表

小组	全组个人得分 （第四步的总和）	团队得分 （第五步的总和）	平均分
1			
2			
3			
4			

活动3	齐眉竿
活动目的	训练团队协调能力，培养团队合作精神

续表

操作流程	①把班级学生按 12~14 人一组进行分组 ②全组一字站开，将右手食指伸于身体右侧，食手指托起一根竹竿，让竹竿从眉毛处下降到腰部。其间手指不能离开竹竿，只要小组中有一人的手指离开竹竿，这个小组便要重新开始 ③组与组之间进行比赛，先完成任务的小组为胜利者 ④分享：看似简单的游戏，但要成功完成很不容易，问题的关键在哪里？大家是如何协调的
活动 4	信任之旅
活动目的	考察双方的交流沟通能力，体验互助与关爱
操作流程	①团体成员 2 人一组，一位做盲人，一位做帮助盲人的人，盲人蒙上眼睛，原地转 3 圈，暂时失去方向感，然后在其他人的搀扶下，沿着指导者选定的路线，带领"盲人"绕室内外活动。其间不能讲话，只能用手势、动作帮助"盲人"体验各种感觉 ②互换角色，一位做盲人，一位做向导。其间只能讲话，不能有任何肢体接触 ③活动结束后，两人坐下交流当"盲人"与帮助别人的感觉，并在团体内交流： 　1）"盲人"戴上眼罩的瞬间是什么感觉？对伙伴的帮助是否满意？你对自己和他人有什么新发现？ 　2）帮助者是怎样理解你的伙伴的？你是怎样想方设法帮助他的？这个过程使你联想或觉察到了什么？
活动 5	结束活动：万里长城永不倒
活动目的	感受团体凝聚力
操作流程	①全班同学分成男女 2 个组，双手相互搭在前面同学的肩上围成圆，然后听辅导教师口令"坐下"，每个人都坐在后面同学的腿上 ②转圈走 50 步，同时喊团队口号

二、"风雨同舟"活动实施细则，如表 4-35 所示。

表 4-35　实施细则

活动 1	热身活动：最佳组合
活动目的	促进沟通与合作
操作流程	每人抽一张牌，而后自由组合成 7 人小组，小组的牌组合成扑克游戏中最好的一组为优胜队

续表

活动2	流沙河谷
活动目的	团队合作互助
操作流程	①每组10人左右，有6张凳子 ②团队成员面临一个集体困境，一条宽20米的河谷，要利用6张凳子将10人左右的团队成员全体运送到对岸 ③其间有人触地就判定牺牲，每牺牲一人，拿掉一个凳子 ④感悟与分享
活动3	泰坦尼克号
活动目的	练习在遇到困难时，如何做计划、如何合作以及如何有效地利用有限资源
操作流程	①背景故事：泰坦尼克号即将沉没，船上的乘客须在"泰坦尼克号"的音乐结束之前利用仅有的求生工具——7块浮砖，逃到一个小岛上 ②辅导教师指导学员布置游戏场景：将25米的长绳在空地上摆成一个岛屿形状，在另一边摆4个长凳，用另外的绳子作为起点 ③给学员5分钟时间讨论和试验 ④出发时，每一个人必须从长凳的背上跨过（就如同从船上的船舷栏杆上跨过），踏上浮砖。在逃离过程中，船员身体的任何部分都不能与"海面"——地面接触 ⑤自离开"泰坦尼克号"起，在整个逃离过程中，每块浮砖都要被踩住，否则会将此浮砖踢掉 ⑥全部人达到小岛，并且所有浮砖都被拿到小岛上之后，游戏才算完成 ⑦相关讨论： 　1）你们组想出什么样的办法来达成目标 　2）小组是否确定出领导者？是根据什么确定的？撤离方案的形成是领导者的决定还是小组讨论的结果 　3）你们的方案是否坚决贯彻到底了？中间发生了什么变化？为什么 　4）事后回顾当初的方案觉得是否可行？有更好的方案吗？为什么当时没有想到或没有提出来 　5）小组是如何分配组员撤离的先后次序的？考虑到了什么因素
活动4	突破雷区
活动目的	提高团队协作能力，认识领导者统一指挥的意义与重要性
操作流程	①分组比赛。甲队成员先用布蒙住眼睛，担任坦克车，前进至目标；乙队成员担任地雷，在甲队行进路上不规则地固定站立 ②甲队另派2名伙伴至目标处，担任雷达，指引坦克车前进。担任雷达的伙伴，指引坦克车前进，例如，×××前进、后退。向左、向右，避免触及地雷。触到乙队伙伴身体任何一部分，算触及地雷。触及地雷后，自己也变成了地雷，必须站立在原地 ③担任地雷者，可发出各种错误的声音，引诱坦克车触及地雷。在一定时间内，再攻防互换。最后以抵达目标处人数之多寡，决定胜败

续表

活动5	结束活动：传递祝愿
活动目的	感受支持与祝福的快乐
操作流程	①全体分成两组，围成内外两圈 ②大家面对面站在伙伴的对面，握住他的手，或把手搭在他肩膀上，请用爱看着他，相互表达祝愿，用简单、有意义的方式分享力量，表现我们的关怀。你的祝福将会加倍回报到你身上，请献上最美好的祝福，大家都愿意接受这一切，用爱张开双臂迎接新的一天

第十一节　心态篇：寻找内心快乐的按钮

活动目标：培养学生保持积极正确的心态，心态决定我们的生活，有什么样的心态，就有什么样的未来。

"寻找内心快乐的按钮"设计方案如表4-36所示。

表4-36　方案设计

单元名称	单元目标	活动内容
创造心境	确立积极的思维方式，以快乐的心态、认真的态度，做好此时此刻的事	①热身活动：激情击掌 ②看图思考 ③投射练习：假如我…… ④智慧与情绪 ⑤积极看世界 ⑥结束活动：自我塑像
享受过程	学会享受过程，把注意力放在积极的事情上，学会体会过程	①热身活动：天龙八部 ②整合与疗愈 ③正念练习 ④心像治疗：美丽的花丛 ⑤肌肉松弛法训练 ⑥结束活动：能量传递

127

一、"创造心境"活动实施细则，如表4-37所示。

表4-37　实施细则

活动1	热身活动：激情击掌
活动目的	激活大家的状态，增强团队士气和热情
操作流程	①所有成员围成一个圆，游戏开始后，每个人先双手与左边队友击一下掌，并且喊"一"，再与右边队友击一下掌，同时喊"一"，然后弯腰拍手，喊"我" ②再与左边队友击两下掌，同时喊"一、二"，再与右边队友击两下掌，同时喊"一、二"，然后弯腰拍手两下，喊"我们" ③直到第三次击掌喊"我们是最棒的团队"后，举手喊"耶"，并同时跳跃起来，活动完成
活动2	看图思考
活动目的	自我觉察、引导思考
操作流程	辅导教师在屏幕上呈现图片（附图），然后讨论： ①你觉得目前自己的状况，最像图中的哪一个？为什么 ②如果可以的话，你希望他有哪些改变 ③他要做些什么，改变才会发生 ④你感觉他改变的最大障碍是什么
活动3	投射练习：假如我……
活动目的	内在投射
操作流程	①完成下列句子： 假如我是一种动物，我希望是＿＿＿＿，因为＿＿＿＿。 假如我是一朵花，我希望是＿＿＿＿，因为＿＿＿＿。 假如我是一棵树，我希望是＿＿＿＿，因为＿＿＿＿。 假如我是一种食物，我希望是＿＿＿＿，因为＿＿＿＿。 假如我是一种家具，我希望是＿＿＿＿，因为＿＿＿＿。 假如我是一种乐器，我希望是＿＿＿＿，因为＿＿＿＿。 假如我是一种颜色，我希望是＿＿＿＿，因为＿＿＿＿。 假如我是一项纪录，我希望是＿＿＿＿，因为＿＿＿＿。 假如我是一部影片，我希望是＿＿＿＿，因为＿＿＿＿。 ②分小组交流
活动4	智慧与情绪
活动目的	明白"对于同一件事情，人们会有许多不同的想法，而不同的想法包含不同的情绪反应"

续表

操作流程	①判断这些事件中的想法会让自己产生什么样的情绪以及这些情绪对自己的影响 【事件一】在教室的走廊上被错身而过的同学瞪一眼 　　1）哼！看我不顺眼 　　2）这种人少惹为妙，挺可怕的 　　3）大概他心情不好吧 【事件二】在遭遇挫折或失败时 　　1）没希望了，我永远不可能成功 　　2）这全是他的错 　　3）一个人不可能每次都胜利，我下次一定可以比这次做得好 【事件三】课堂上被点到回答问题，却答不出来 　　1）我根本不会，这下子丢脸了 　　2）这是一件很糟糕的事，我不能忍受在众人面前出丑，我会被大家看轻 　　3）下次一定要提醒自己做好预习 ②通过集体讨论，让成员们在讨论中了解情绪的"ABC"理论 　　所谓 ABC，A 指事件；B 是指个体在遇到诱发事件之后，对该事件的想法、解释和评价；C 是人的情绪和行为结果。通常人们会认为，人的情绪直接由诱发性事件 A 引起，即 A→C。ABC 理论指出，诱发性事件 A 只是引起情绪的间接原因，而人们对诱发性事件所持的信念、看法和解释才是引起情绪更为直接的原因，即 A→B→C。所以，人不是为事情所困扰着，而是被对这件事的看法困扰着。改变想法就能改变心情
活动 5	积极看世界
活动目的	会用正向的情绪词表达情绪，形成积极的心态
操作流程	①找出日常生活中消极的内心自我评价，每人至少写 3 个 ②然后用建设性的积极语言来代替绝对的消极的语言 （见下表） ③小组成员之间相互交流

绝对的消极用语	建设性的积极用语
我必须……	我愿意（我希望）……
这太不公平	世上没有绝对的公平
这个问题有点麻烦	这是一种挑战
我的生活是乱七八糟的	我的生活由我做主
我真没用	我是一个有时会出错的人
我不能对付	我自信我能把握住
我是一个失败者	一次失利，不能说明每次都会失败
我不够好	没有人是完美无缺的

续表

活动6	结束活动：自我塑像
活动目的	自我觉察与呈现
操作流程	①音乐响起，团体的一半人在房间里随意走动，用眼睛和肢体语言与别人交流…… ②音乐停止，每个人都用你独特的姿态变成塑像。另一半人拍下塑像照片。然后互换角色 ③感悟分享。人的生理、心理都有相貌。这个相貌都是由我们生理、心理的表情凝聚而成的

二、"享受过程"活动实施细则，如表4-38所示。

表4-38　实施细则

活动1	热身活动：天龙八部
活动目的	自然地进行身体接触和配合，营造团体氛围，感受团队的智慧
操作流程	①将绳子放在地上围绕成圆形，要求绳圈足够大，所有人站到圈外边 ②队员们手拉手围成一个圈。他们的任务是进入绳圈，但不能接触绳子 ③所有人都进入绳圈后，再让他们走出来。然后缩小绳圈，队员们再次按同样的规则进入绳圈 ④重复以上步骤，直到队员们全部挤进绳圈，互相扶持为止
活动2	整合与疗愈
活动目的	自我开放，情感释怀
操作流程	①每个人在纸上完成下列问题 在过往生命中： 　1）你最感恩的人是谁 　2）你最想说对不起的人是谁 　3）你最想原谅的人是谁 　4）你心里最怀念的人又是谁 　5）如果人生可以有重新选择或改变的机会，你希望是什么呢 ②分组交流
活动3	正念练习
活动目的	让思路清晰、情绪稳定

操作流程	①以最自然最轻松的方式坐下来，用鼻子缓慢地呼吸，开始注意自己的每一个呼吸，以能够专注 1 分钟，完全不浮现其他杂念为准 ②按揉双眉内侧的起点，默念：我能够接受并且深爱眼前的自己，即使在遭到别人的批评或排斥时，我仍觉得很好很安全 ③按揉位于下嘴唇与下巴中间，上 1/3 与下 2/3 的交会处（任脉的穴道"承浆"），默念：我爱我自己，接纳我自己，也学会接纳自己的情绪，给它一个位置，然后处理它。我会从最深层释放压抑的情绪，直到我变得非常快乐 ④感悟与分享
活动 4	心像治疗：美丽的花丛
活动目的	利用想象和心理的引导，帮助学生表达出阻塞的感觉、愿望、需求和想法
操作流程	①把眼睛闭起来，做一个深呼吸，然后想象自己是一株花，可以是任何一丛花 ②开启创意和联想： 你是一个什么样的花丛呢？很小还是很大？ 是什么颜色的花？你的花是全开了还是含苞待放中 那有没有叶子呢？枝条长得像什么？枝条上有没有刺？根又长得如何 你种在哪里？田园、公园、庭院、沙漠还是月球 你的身边有什么？有没有树、小动物、小鸟或是人？还是只有你？有没有围栏、铁网将你围住 ③接着，睁开眼睛，把自己的花丛画下来，包括刚才的所有景象 ④学员介绍自己的花丛，并且讲述是否和自己生活的情况有关系
活动 5	肌肉松弛法训练
活动目的	学会心身松弛的基本技能，掌握放松心身的动作要领和技巧，使学生掌握一种快速、简便的即时方法，随机运用，迅速恢复常态
操作流程	①取站立姿势，两脚自然分开，与肩同宽，两手自然下垂 ②指导语，即时肌肉松弛方法训练包括两个内容：深呼吸并感觉吸入和呼出气体的温差；深呼吸并感觉双肩及身体其他部位的放松 ③分别练习： 1）深呼吸并感觉吸入和呼出气体的温差。深呼吸的要领是：深吸一口气，然后用嘴呼出去。注意节奏要慢一些，身体保持自然状态，不要刻意用力。在深呼吸的过程中，体验吸进的气体和呼出的气体的温度差别。继续深呼吸，随时注意节律。按要求练习体验一下，内心体验平静放松时，自动停止 2）深呼吸并感觉双肩及身体其他部位的放松。先做一下放松训练。两手叉腰，按顺时针方向，慢慢地转动头部 8 圈。然后按逆时针方向，慢慢地转动头部 8 圈。上述动作完成后，悠悠右腿，悠悠左腿，悠悠右胳膊，悠悠左胳膊。接着做深呼吸，要领是：深吸一口气，然后用嘴呼出去。注意节奏要慢一些，身体保持自然放松状态，不要刻意用力。在深呼吸的过程中，感觉体验肩臂的放松和身体其他部位的放松（顺序依次是：双臂、手、背部、腹部、腿部……）。每次吸气时间应比上一次更长，在延长的时间里感觉胳膊的放松会更强。两三次呼气后，放松的感觉会扩散到身体的其他部位

操作流程	④随时注意节律。按要求练习体验一下，不得少于7次。内心体验平静放松时，自动停止。分步练习掌握动作要领后进行综合练习。综合练习时，①和②的放松技巧取其一即可
活动6	结束活动：能量传递
活动目的	群体激励，感受支持
操作流程	①10人左右一组，每个学生写一句最想对自己说的话 ②各组围成一圈，每个人轮流站到中间，其他小组成员伸出手臂握住团队成员的手，或搭着他的肩，一起对他说：加油！

第十二节 激励篇：激发潜能才能超越自我

活动目的：在探究中寻找快乐，在创造中体验成就感。

"激发潜能才能超越自我"方案设计如表4-39所示。

表4-39 方案设计

单元名称	单元目标	活动内容
挑战自我	①帮助学生积极运用潜意识，学会用暗示的力量调动潜意识，用想象的力量提升潜意识 ②培养独立思考、打破常规、开阔思路的问题解决方式方法	①热身活动：砌出个未来 ②食指抬人 ③"龟兔赛跑"新解 ④"卖"苹果 ⑤故事接龙 ⑥极速60秒 ⑦结束活动：擂台赛

"挑战自我"活动实施细则，如表4-40所示。

表4-40 实施细则

活动1	热身活动：砌出个未来
活动目的	制造紧张刺激、开心的气氛，让参加者通过互相合作提升默契

操作流程	①所有参加者分成4组，人数最好平均 ②每组需找寻一个较宽阔的空间。所有参加者需脱去脚上的鞋子砌成指定图形 ③辅导教师发出指令，叫出一个图形、字句或数字等。参加者需尽快按指示将所有组员的鞋子砌成指定图形 ④完成砌图后，所有组员必须离开砌图范围，并举手通知主持检查 ⑤最快完成砌图的一组为胜 ⑥比试5~7次，每次第一组胜出可得10分，第二组可得7分，第三组可得5分，第四组得3分
活动2	食指抬人
活动目的	体验自我暗示
操作流程	①5人一组，最重的1人坐在凳子上，其他4人每人伸出食指，分别放在坐着的同学腋下和膝盖下4个点，尝试把坐着的人抬起来 ②第一轮尝试之后，辅导教师引导抬人的学生手与手相互叠在一起做自我暗示，增加能量。然后与坐着的学生沟通，让他能在内心配合 ③各组进行第二轮"食指抬人" ④讨论与分享两次的感受与结果 ⑤经常对自己说自我激励的话，你会越来越高能量。大家一起对自己说： 　1）我是有价值的，我是宇宙计划里的一部分，我的存在真的很重要 　2）我喜欢我自己，我全然地接纳自己，我全然地赞同并感激自己 　3）我非常爱我自己，我无条件地肯定自己，我无条件地支持自己 　4）我真的很不错，我全然地理解我自己，我全然地信任自己的直觉和判断力 　5）我就是爱本身，我温暖我自己！我就是光本身，我照亮我自己
活动3	"龟兔赛跑"新解
活动目的	打破思维定式
操作流程	①"龟兔赛跑"的寓言故事中，兔子因贪睡而输给了乌龟。现在请你列举除此之外的原因，解释兔子为什么输给了乌龟 ②分组讨论，然后各组派代表分享讨论结果 ③讨论出多种可能原因的小组获胜 新解参考： 　1）好心的兔子觉得让走路慢吞吞的乌龟输掉太残忍，于是故意等比赛快结束才赶到赛场 　2）顽皮的兔子得罪了他的领导黄鼠狼，于是在比赛前的晚上，趁兔子睡着，黄鼠狼把兔子的闹钟拨慢了3个小时 　3）兔子没有向裁判行贿，结果比赛开始一会儿，兔子因"犯规"被罚，并退出赛场

操作流程	4）兔子头天晚上得了感冒，吃药时错吃了安眠药，结果第二天头脑昏昏沉沉，眼皮也睁不开，没坚持到比赛结束就睡着了 5）兔子家境贫寒，欠了乌龟家一大笔钱，于是兔子以输掉比赛为条件，偿还乌龟家的钱 6）兔子邻居家失火了，兔子去帮着扑火，一夜未睡，精疲力竭，第二天拖着疲惫的步子去参加比赛
活动 4	"卖"苹果
活动目的	开阔思路，创意无限
操作流程	①一个苹果大约 2 元，如果不考虑客观条件，请大家来为它增值，卖到 20元。有什么办法吗 ②现在再想办法把它卖到几百元，甚至上千元可以吗 ③有谁能把一个苹果卖到上万甚至更高的价格吗 ④讨论与分享 ⑤辅导教师整合归纳 1）包装，深加工 2）增加产品的功能 3）挖掘苹果的文化内涵 4）苹果增值事小，但能折射一个人的商业智慧和创造思维
活动 5	故事接龙
活动目的	激发思维，训练表达
操作流程	①大家一起编个故事，每人一次说一句话。必须尽可能选择那些有趣、新颖且带有感情色彩的语句 ②用抛"绣球"的方式进行传接，接到"绣球"的人站起来接着前一个人的话讲下去，然后把球抛给其他的人 ③先编一个带有悲剧色彩的故事。每个人说的时候尽量大声、清晰 ④讨论与分享： 1）当你大脑"短路"而出现空白时，你有什么感觉？你觉得有哪种压力 2）这个活动与你的参与意识和表达水平的提高有什么联系？即席发言前你是否提醒自己放松 ⑤重新开始讲一个富有喜剧色彩的故事再感受一下
活动 6	极速 60 秒
活动目的	群策群力，攻关克难
操作流程	①准备图卡 ②在固定的区域内摆放 30 张卡片，每张卡片分别代表一个数字，30 张卡片分别代表 1 至 30，卡片的形式由数字或图像组成

操作流程	③各小组在 60 秒内对 30 张卡片进行排序。小组成员只能派一名代表到区域内收集卡片，收集必须按照 1~30 的顺序，团队其他成员只能在卡片固定区域的边缘对收集卡片的人进行语言上的协助，身体的任何一部分不可以和区域内的人或卡片接触 ④规定时间内排序完成交到教练手上，教练核对无误后则挑战成功 ⑤感悟与分享
活动 7	结束活动：擂台赛
活动目的	发散思维练习
操作流程	①两人一组，轮流各说一种从杭州到北京的方法，最后说不出来的算输 ② 6~8 人为一组，讨论一支铅笔的用途，看哪个组最多 ③头脑风暴的基本准则应当是：不允许有任何批评意见，欢迎异想天开（想法越离奇越好）

第十三节　创新篇：创造性思维开启无限可能

活动目的：①学会与团队合作进行创意，思考如何恰到好处地融合、发挥成员的才能；②帮助学生克服思维定式，在探究中寻找快乐，在创造中体验成就感。

"创造性思维开启无限可能"方案设计如表 4-41 所示。

表 4-41　方案设计

单元名称	单元目标	活动内容
创意无限	通过紧张刺激、趣味十足、极具挑战性的活动，激发学生的创新思维和创造力	①热身活动：即兴小品 ②创意设计 ③建高塔 ④高空飞蛋 ⑤环保时装设计大赛 ⑥结束活动：八仙过海

"创意无限"活动实施细则，如表 4-42 所示。

表 4-42　实施细则

活动 1	热身活动：即兴小品
活动目的	活跃气氛，激发团队创意
操作流程	即兴小品参考题： ①父亲、儿子与驴 ②梁山伯与祝英台 ③新白蛇传 ④包公断案 ⑤秦香莲传奇 ⑥相亲
活动 2	创意设计
活动目的	①想象力练习，激发创造思维 ②增强组员的团体合作能力
操作流程	①准备单词卡片、汉字卡片、词语卡片、秒表 ②每组 10 人左右。开始第一轮：小组成员派一个代表抽出辅导教师提前准备的 26 个大写字母中的两个，然后用最短的时间摆出这两个字母 ③第二轮：小组成员派一个代表抽出辅导教师提前准备的一个单词，然后用最短的时间摆出这个单词 ④感悟与分享：在活动中该如何相互配合
活动 3	建高塔
活动目的	培养成员的创新能力和合作精神
操作流程	①每组扑克牌两副、吸管 60 支、万字夹一盒 ②每个小组在规定的时间内利用材料做一个物体，物体尽量做得又高又稳固 ③每组完成任务之后可以去参观其他组的作品。测量物体的高度，做得最高的物体为胜 ④感悟与分享：你们组的创意是怎么得来的？在小组合作过程中大家的协调程度如何
活动 4	高空飞蛋
活动目的	激发创造思维，提升团队创造力
操作流程	① 4~5 人一组，每组鸡蛋 2 只（一只用于试验，另一只用于比赛），小气球 1 个，塑料袋 1 个，胶带 1 卷，竹签 4 根，塑料匙、叉各 2 把，橡皮筋 6 条

续表

操作流程	②各组在 10 分钟内，用所给的材料设计完成保护装置，由该组中最高的一名学员站在桌子上，平手把鸡蛋扔下，扔到地上不摔碎，没有裂痕，就算成功 ③感悟与分享： 　1）你们组的创意是怎么得来的 　2）在小组合作过程中大家的协调程度如何 　3）如果再做一次你们认为该如何改进
活动 5	环保时装设计大赛
活动目的	学会与团队合作进行创意，思考如何恰到好处地融合、发挥成员的才能
操作流程	①每组 5~6 人，其中 1 名模特、1~2 名设计师、3 名裁剪师 ②每个小组 A4 的纸 20 张，每个小组废旧报纸 20 张，透明胶带、双面胶带各 1 卷，剪刀 1 把，彩笔 1 盒 ③各组在 30 分钟内以报纸为材料设计制作一款时装 ④模特走台展示，设计师介绍设计过程、时装特色，大家对各组完成情况进行评判 ⑤感悟与分享 　1）各组的制作是如何表现创意的 　2）每组是怎样处理分歧、达成统一的
活动 6	结束活动：八仙过海
活动目的	克服思维定式，在探究中寻找快乐，创造中体验成就感
操作流程	①所有的人站到一侧，大家要做的就是从这一侧走到另一侧 ②规则只有一条，不许和别人的方法重复 ③等所有的人过来以后，再要求他们回去，规则不变

第十四节　规划篇：我的未来不是梦

活动目标：促使学生了解自己的兴趣和能力，引发对职业生涯的自主意识与责任。

"我的未来不是梦"方案设计如表 4-43 所示。

表 4-43　方案设计

单元名称	单元目标	活动内容
飞得更高	①提升规划人生的意识 ②协助学生了解自己的个性对行动力的影响	①热身活动：成长三部曲 ②生命线 ③兴趣岛 ④价值拍卖 ⑤十年幻游 ⑥结束活动：怒放的生命

"飞得更高"活动实施

表 4-44　实施细则

活动 1	热身活动：成长三部曲
活动目的	营造氛围，感受欢乐
操作流程	①所有同学都蹲下，双臂抱膝，姿态呈"鸡蛋"状 ②然后与周围的同学以"石头—剪刀—布"的游戏比赛，赢的同学进化为"小鸡"，姿态呈半蹲式"小鸡"状，再与同样进化为"小鸡"的同类比赛，赢的同学进化为"猴子"，输的同学仍然为"小鸡"。然后"猴子"类的同学之间再比赛，赢的同学进化为"人"，可以到一边休息，输的仍然为"猴子"，继续自己的进化之路，直到进化为"人"为止 ③当最后只剩下 3~4 个仍然没进化为"人"的同学的时候，停止游戏，请这些同学及最先进化为"人"的同学分享自己的感受
活动 2	生命线
活动目的	引发思考和回顾，探索未来之路
操作流程	①请大家拿出纸来，在上面画一条横线，在左边的起点上写上"0"，代表出生，在右边的终点写下自己打算活到的岁数，并在横线上画出自己现在年龄的坐标。你的人生就是这样一幅图，中间的那条是你的生命线，生命线是有年龄的刻度，而你的人生也可能会有高潮和低谷 ②从出生到现在，你经历了哪些重要事件？对你的人生有什么影响？在某个生命阶段，你处于人生的哪个境界？如果这个阶段你感到幸福、快乐、成功，请在生命线的上方标识自己做过的最出色的事情 ③挫折、痛苦、不幸福则在生命线下方标识。你未来的目标或志向是什么？在未来的生命阶段，你认为（或希望）自己将会扮演什么角色？写下今后最想做的三件事 ④分组分享解释自己的生命线

续表

活动3	兴趣岛
活动目的	促进对自我兴趣取向的了解，畅想未来的工作愿景
操作流程	①背景介绍：你有机会去下列六个岛屿中的一个。唯一的要求是你必须要在这个岛上待满至少3个月的时间。请不要考虑其他因素，仅凭自己的兴趣挑出你最想前往的岛屿 ②分发兴趣岛测试表。选择相同的人为一组，讨论自己的个性特点与职业的关系 ③兴趣岛测试表： R：自然原始的岛屿。岛上的自然生态保持得很好，有各种野生动物。居民以手工见长，自己种植花果蔬菜、修缮房屋、打造器物、制作工具，喜欢户外运动 I：深思冥想的岛屿。有多处天文馆、科技博物馆及图书馆。居民喜好观察学习，崇尚和追求真知，常有机会和来自各地的哲学家、科学家、心理学家等交换心得 A：美丽浪漫的岛屿。充满了美术馆、音乐厅、街头雕塑和街边艺人，弥漫着浓厚的艺术文化气息。居民保留了传统的舞蹈、音乐与绘画爱好。许多文艺界的朋友都喜欢来这个地方找寻灵感 C：现代、井然的岛屿。岛上建筑十分现代化，是进步的都市形态，以完善的户政管理、地政管理、金融管理见长。岛民个性冷静保守，处事有条不紊，善于组织规划，细心高效 E：显赫富庶的岛屿。居民善于企业经营和贸易，能言善道。经济高度发展，处处是高级饭店、俱乐部、高尔夫球场。往来者多是企业家、经理人、政治家、律师等 S：友善亲切的岛屿。居民个性温和、友善、乐于助人，社区均自成一个密切互动的服务网络，人们重视互助合作，重视教育，关怀他人，充满人文气息 你最想去的岛屿是哪个呢 ④兴趣岛解读： R岛的职业兴趣类型是实用型，此种类型的人具有顺从、坦率、谦虚、自然、坚毅、实际、有礼、害羞、稳健、节俭的特征，其行为表现为：喜爱实用性的职业或情境，以从事所喜好的活动，避免社会性的职业或情境；用具体实际的能力解决工作及其他方面的问题，较缺乏人际关系方面的能力；重视具体的事物，如金钱、权力、地位等。 实用型的人适合从事的职业：机械制造业、渔业、技术贸易、林业、修理、机械、电工、特种工程师和军事工作。 C岛的职业兴趣类型是事务型，此种类型的人具有顺从、谨慎、保守、自控、服从、规律、坚毅、实际、稳重、有效率、缺乏想象力等特征，其行为表现为：喜欢传统性质的职业与情境，避免艺术性质的职业或情境，会以传统的能力来解决工作或其他方面的问题；喜欢顺从、规律，有文书与数学能力，重视商业与经济上的成就。

操作流程	事务型的人适合从事的职业：行政办公室类和数据档案类的职业。典型职业有会计、出纳、秘书、计算机操作员等。 E岛的职业兴趣类型是企业型，此种类型的人具有冒险、野心、独断、冲动、乐观、自信、追求享受、精力充沛、善于社交、获取注意、知名度高等特征，其行为表现为：喜欢企业性质的职业或环境，避免研究性质的职业或情境，会以企业方面的能力解决工作或其他方面的问题；冲动、自信、善社交、知名度高，有领导与语言能力，缺乏科学能力，但重视政治与经济上的成就。 企业型的人适合从事的职业：商业管理、公关人员、市场销售类的职业。典型职业有推销员、政治家，企业经理、律师、保险代理、电视制片人。 S岛的职业兴趣类型是社会型，此种类型的人具有合作、友善、慷慨、助人、仁慈、负责、圆滑、善社交、善解人意、善于说服他人、理想主义、富洞察力等特征，其行为表现为：喜爱社会型的职业或情境，避免实用型的职业或情境；以社会交往方面的能力解决工作及其他方面的问题，但缺乏机械能力与科学能力；喜欢帮助别人、了解别人，有教导别人的能力，且重视社会与伦理的活动与问题。 社会型的人适合从事的职业：社会和服务类的职业，教师、牧师、辅导人员、护士、社会学家、社会工作者等。 A岛的职业兴趣类型是艺术型，此种类型的人具有复杂、想象、冲动、独立、自觉、无秩序、理想化、不顺从、有创意、富有表情、不重实际的特征，其行为表现为：喜爱艺术性的职业或情境，避免传统性的职业或情境；富有表达能力，拥有艺术与音乐方面的能力（包括表演、写作、语言）并重视审美。 艺术型的人适合从事的职业：作家、艺术家、音乐家、演员、戏剧导演、室内装潢、编辑、文学和艺术方面的评论员等。 I岛的职业兴趣类型是研究型，此种类型的人具有分析、谨慎、批评、好奇、独立、聪明、内向、条理、谦逊、精确、理性、保守的特征，其行为表现为：喜爱研究性的职业或情境，避免企业性的职业或情境；用研究的能力解决工作及其他方面的问题，即自学、好学、自信、重视科学，但缺乏领导方面的才能。 研究型的人适合从事的职业：科学研究和一些技术性的工作。典型职业有数学、化学、生物等工作者，工程设计师、实验室科研人员、电子学工作者和计算机程序编制者等。
活动4	价值拍卖
活动目的	价值澄清
操作流程	①请学生预想：若1万元代表人的一生之所有时间及精力，你会花多少钱来买"价值观项目表"的那些项目？给予2分钟，让学生于"价值观项目表"上进行估算

操作流程	②说明拍卖规则： 　　1）每位同学都有价值1万元的代币10张，共10万元 　　2）竞拍中被拍卖物的出现顺序是随机的，不是按照之前的展示顺序 　　3）拍卖中，每件物品的低价都是1万元，每次竞价增加1万元 　　4）在拍卖中，当拍卖师喊"开始"的时候才可以，竞标者举手表示参与拍卖，提前抢拍将失去本次的竞拍资格 　　5）拍卖中，最先出到最高价者在拍卖师询问过3次无人竞争后拍得该物品 　　6）已经买得的商品，不可反悔 ③进行拍卖 ④感悟与分享： 　　1）你是否买到自己认为最重要的价值观项目？如果是，买到时的心情如何？如果不是，则因何故没有买到？没有买到的心情如何 　　2）你最想买的项目是什么？其背后隐含的价值观为何？为什么它对你而言那么重要 ⑤价值观项目表： 安全——国企会计、出纳、文员、政府职员等 地位——政府官员、企业管理者、教师、律师等 成就——自主创业、科学研究、自由职业者 权力——国企高管、政府官员、教育管理者等 尊重——教师、科学家、社会活动家等 归属——企业团体、机关团体、学校团体、社会团体等 助人——医生、护士、警察、教育工作者、咨询服务等 财富——企业家、发明家、科学家、作家、艺术家等 价值——发明家、探险家、科学家、文学艺术家、教育家等 奉献——慈善家、社会活动家、教育工作者、志愿者等
活动5	十年幻游
活动目的	描画愿景
操作流程	①首先进行放松练习，然后在充满遐想的背景音乐中，通过引导语帮助同学们想象十年后自己的一天是怎样度过的： 　　1）我十年后典型的一天描述 　　2）我十年后从事的工作的描述 从事的工作是 _____ 从事的工作内容是 _____ 从事工作的场所在 _____ 　　3）我十年后生活型态的描述 居住的场所 _____ 居住的场所周围环境 _____ 居住的场所周围人群 _____

续表

操作流程	②十年幻游引导语： 我们来想象一下10年后的自己将变成一个怎样的人。现在，想象你已经由时空旅行来到10年后的世界，在10年后的某一天。新的一天开始了，你刚刚醒来。今天是什么日子？现在几点钟了？你在哪里？听到什么？闻到什么？你还感觉到什么？有人和你在一起吗？是谁呢？现在，你起床了，下一步要做些什么？你现在正穿衣服，衣服是什么款式的？是什么颜色的？穿好了衣服，你在做些什么？吃早餐？你心情如何？你想到了什么？现在，你正要去某个地方，回头看的时候，你刚才离开的是什么地方？你出门了，你乘坐什么交通工具？有人和你在一起吗？谁呢？当你走的时候，请注意周围的一切。然后，你到达目的地了，目的地是什么地方？你对这个地方的感觉如何？你想到了什么？在这里，你想要做些什么？旁边有人吗？他们和你是什么关系？你在这里待多久？今天你还想去别的地方吗？在这一天当中，你还想做什么？还有一点时间，你还可以再做一件你想做的事情。现在，你回家了，有人欢迎你吗？回家的感觉怎么样？你如何与家人分享这一天所做的事情？吃了晚饭，你在干什么？看电视？看书？或者做别的什么事？现在，你准备去睡觉了。回想这一天，你感觉如何？你希望明天也如此吗？你对这种生活感觉究竟如何？现在，你回到教室里了，请注意，不要睁开眼睛，请你慢慢感觉回到教室里，摸摸前面有什么，动动脚。现在，请你睁开眼睛，看看周围的一切，欢迎你旅行归来
活动6	结束活动：怒放的生命
活动目的	感受力量，坚持梦想
操作流程	①看动漫音乐短片《飞得更高》 ②歌词朗诵：《怒放的生命》 曾经多少次跌倒在路上， 曾经多少次折断过翅膀， 如今我已不再感到彷徨， 我想超越这平凡的生活， 我想要怒放的生命……

第十五节　干预篇：阳光总在风雨后

活动目的：通过心理危机干预的团体辅导模式，帮助学生理解所经历的创伤，表达想法和感受，管理情绪，建立积极合理的认知方式，学习应对策略。

"阳光总在风雨后"心理危机干预设计方案如表4-45所示。

表 4-45　方案设计

实施步骤	活动目标	活动内容	基本策略	帮助性陈述
开宗明义	①介绍团体宗旨和进行流程，并邀请成员轮流自我介绍，了解与意外当事人的亲疏远近 ②主要目标是建立结构	①讲明意图，建立信任 ②热身活动：齐心协力 ③星星知我心 ④情绪针灸	认真倾听和同感地回应接纳情绪表达尊重	当不好的事情发生时来谈论它是有帮助的，我们接下来就花时间来谈谈，从讨论开始，我们会更好地理解发生了什么，它是如何影响我们的，以及我们能做什么帮助彼此
澄清事实	①情景重现，情绪抒发 ②目标是开启叙说	①引导成员回顾自己在这次事件中的内心感受和看法 ②现在，你最担心什么 ③紧急情绪调整技术练习	主动倾听并给予心理上的支持和鼓励引导这些情绪都是人在紧急情况下的正常反应	每个经历过一个事件的人都有一个故事，如我们刚刚经历过的这件事。如果可以，我们接下来就谈谈我们的故事，谁先开始呢
表达情感	①引导成员吐露经历冲击后的情绪、认知、行为反应，并与班级同学有更多的交流 ②主要目标是宣泄情绪	①压力评估 ②用画笔涂抹心中的伤痛 ③空椅倾诉 ④蝴蝶拥抱	提供疏泄机会，释放心理压力，鼓励当事人将自己的内心情感表达出来	我们刚刚经历的创伤，我们会行为异常，这是很正常的事，是我们面对反常情况的正常反应，谁有这些反应呢
给予支持	引导被试学生正视挫折，体验生命成长过程，习得情绪管理技巧	①心有千千结 ②保持和自己内在的链接 ③心愿倾诉： 在过往生命中，你最感恩的人是谁 你最想说对不起的人是谁 你最想原谅的人是谁 你心里最怀念的人又是谁 ④冥想放松训练	充分认识自己的资源，提供适当信息和解决问题的多种可能性	面对应激事件的发生，我们应该采取什么应对方式呢 请大家思考一下自己的资源和在危机中能做的和不能做的 你现在最想要做的一件事是什么

143

续表

实施步骤	活动目标	活动内容	基本策略	帮助性陈述
确定行动	引导被试学生改变非理性的认知，珍惜当下，感恩生命，热爱生活	①"吹跑紧张" ②写出自己在危机中能做的和不能做的 ③"假如生命还有三天"：写出现在最想做的一件事，并大声念出来	改变非理性的认知，激发行动，团体支持，帮助学生重新获得对生命的控制感	创伤事件能使我们感到无助，我更希望看到大家采取行动或者制订计划来修复创伤或者阻止创伤再次发生
重新出发	①帮助学生思考如何让创伤过去。重新审视自己的问题需要，能开始对那些失去的说"再见"。分享收获和感受，提升生命感悟 ②总结活动的收获、意义	①拥有与失去：写出在自己生命中最重要的五件事。当面临必须丧失时，说出自己的感受 ②分享"危机中的成长" ③能量传递 ④播放《阳光总在风雨后》	在结束危机干预前，危机干预工作者应该从求助者那里得到诚实、直接和适当的保证	我们能做些什么来让这件事过去。只要我们在危机中获得学习和成长，就能收获此次不幸带给我们的人生意义或启迪

相关调节技术如下：

一、"情绪针灸"——情绪释放疗法

第一步，敲击前的准备。先找到"压力事件"。"压力事件"就是自己某种症状或情绪，把自己的真实感受作为提示语，尽可能描述得详细一些。给这个"压力事件"打分。若最高分是10分的话，这件事让你烦恼的程度是几分？认真准备一份描述语。可以用这个句式：尽管对事件烦恼、焦虑，我还是全然地接受我自己。

第二步，开始敲击。首先用4根手指敲打手掌边缘部位，同时把问题描述语说3遍。然后一边说出提示语，一边按照顺序敲击8个穴位：眉毛内侧、眼睛外侧、眼睛下方、鼻子下方、下巴、锁骨下方、腋下、头顶。每个部位可以敲击5~7次，让你有足够的时间说完提示语。敲完后做一下深呼吸，让自己放松下，这样就完成了第一轮敲击。可以同时敲击身体两侧的穴位，也可以只敲击身体任意一侧的穴位。因为需要敲击的经络穴位在身体两侧并行，不管你敲哪一边，效果是一样的。

二、紧急情绪调整技术练习

（1）把心理负担"物质化"，并把它们不费多大力气地放进保险箱。现在请想象在你面前有一个保险箱，请你仔细地看着这个保险箱：它有多大（多高、多宽、多厚）？它是用什么材料做的？它是什么颜色的（外面的、里面的）？它的壁有多厚？这个保险箱里面分了格还是没分格？有没有抽屉？内部结构是怎样的？仔细观察这个保险箱的细节：开关保险箱门的时候有没有声音？关保险箱门的操作是怎样的？有没有钥匙？钥匙是怎样的？如果不是用钥匙的话，锁是怎样的？是密码的吗？按键的还是转盘的？甚至是遥控的，或者电脑操控的？

（2）看着这个保险箱，并试着关一关，你觉得它是否绝对牢靠？……如果不是，请你试着把它改装、加固到你觉得百分之百的牢靠。也许你可以检查一遍，看看你选择的材料是否正确、壁是否够结实、锁是否足够牢靠……

现在请你打开你的保险箱，把所有给你带来压力的东西统统装进去……有时把压力和情绪装进保险箱一点儿也不费事，有时会感觉比较困难。你可能不知道如何把负面的感觉、可怕的画面等东西装进保险箱。所以，这时我们需要转化成磁带、光盘、硬盘等实物，让自己能把那些东西不费力气地放进保险箱。

（3）锁好保险箱的门，想想看，你想把钥匙藏在哪里——根据不同类型的锁，有些可以不用钥匙，如遥控锁等。找个安全的地方把它收藏好，不要把它随便扔掉或弄丢。

请把保险箱放到你认为合适的地方，这地方不应该太近，而应该在你力所能及的范围里，但又尽量放得远一些。同时，在你想去的时候，就可以去。原则上，所有的地方都是可以的。如你可以把保险箱发射到某个陌生的星球，或让它沉入海底等。但有一点很重要，就是你事先要考虑清楚，你怎样才能再次找到自己的保险箱。你愿意的话，还可以考虑动用魔力或任何特殊的工具。

如果你很认真、明确地构建了自己的"保险箱"，你就可以在自己有巨大压力而难以承受时，加以使用了。你可以尝试将各种压力以及压力感受、情绪等装入自己的保险箱，让自己暂时封闭压力源，等自己状态比较好的时候，再拿出来慢慢面对和处理。

三、保持和自己内在的链接

（1）无论遇到什么事情，你首先要保持和自己内在的链接。具体而言就是，你首先要把注意力抽回一部分放到自己身上，去感受自己的身体，并保持一种身体和内在的平衡。

保持一个舒服的姿势，然后从头到脚，缓慢地、逐步地去体会一下自己身体每一部位的感受。只是去感受就可以了，不必分析，也不必想象。

（2）练习可以先从手指开始体会。先伸出你的一只手，把注意力转移到这只手上，然后呼吸，就好像你不是通过口鼻，而是通过手呼吸似的。在这个练习中，你能很容易感受到一种能量在你的手上流动。

（3）接下来按序做全身练习。可以从头练到脚，也可以从脚练到头，让注意力按照次序不断移动到身体的某一部位，同时呼吸，就好像你是通过这一部位呼吸的。部位分得越细越好，不过一开始你可能很难感受到一些比较细的部位，那没关系，随着练习的增多，你的感受会越来越精细，并且会越来越清晰地感受到能量在这一精细部位的流动，它可能是一种热感，也可能是一种麻痹感，或者可能是其他感觉。总之，你会清晰地体会到这一部位切实地属于你而且很放松。

（4）或许，你的身体的某一部位很不舒服。那么，你可以先让身体的其他部位放松，然后将注意力集中在这一部位上，不断地做此练习。即便你的经验很少，一般程度的不舒服也会在这种练习中得到化解。不过，不要太看重这一练习的治疗效果，因为比它更重要的是对身体更细致的觉知，这才是根本。

四、冥想放松操作流程

（1）调整一下坐姿，尽可能舒服一些。然后慢慢静下心来，合上双眼，开始感受深呼吸。

（2）用横膈膜呼吸法。轻轻地将手放在腹部，跟踪呼吸。当你吸气的时候，空气通过鼻腔进入，随着胸部和腹部之间横膈膜肌肉的膨胀，腹部鼓起，胃部感到提升，进而氧气充满胸腔。呼气时，腹部放松内收。呼吸时尽可能深长、舒缓、平稳。

当呼吸不稳定时，人的思想会游离不定；当呼吸平稳时，人的思想会稳定。

胸腔呼吸是虚弱肤浅的，没有规律，比较快。而用横膈膜呼吸法可以增加 7 倍的氧气量。如果你短时间内还难以用横膈膜来呼吸，可以在排气的时候用手压你的腹部，在吸气的时候用腹推动你的手。

（3）简易语音冥想。调整好呼吸，让身体慢慢放松下来。深深地吸气、吐气，同时念出"OM"。这是一个最古老的梵音，它表示"心灵迈向永远和平的历程"。这个语音就像我们发"Home"（家）的音，常常念这个语音就会有归属感。

好，现在先让"O"自然地从心底发出，然后慢慢地转到"M"音上，让这个声音延长并通过整个身体和头部，让身心完全地放松。刚开始时做 5 分钟"OM"语音冥想，以后增加到 10 分钟或者更长时间。

在最初练习语音冥想的时候，应念出"OM"这个语音，对头脑中不时出现的杂念，不必为之着急，不要理会它们，继续重复"OM……"，随着集中精神的能力以及对这个语音的吸引力的提高，就可以在心里默念，用不了多少时间，松弛感就会自然到来。慢慢地，这个语音会常常出现在你的心理，它可以给你的内心带来意想不到的平静。

五、拥有与失去

活动流程：

（1）分成若干个 4 人小组，每人发一张练习用纸。

（2）"拥有"练习：依次写出你生活中最重要的 5 件事情，并思考为什么这样写，然后在组内进行交流分享。

（3）"丧失"练习：请学生对生活中最重要的 5 件事情进行逐一删除，每删除一项，就在组内交流一次，认真体验删除过程及内心的体验，以帮助学生澄清自己的价值观，在"丧失"中更懂得珍惜拥有。

第五章 班级团体心理辅导课的评价

心理辅导活动课的评价形态可大致分为过程与效果两个方面。过程的评价在于考察辅导工作的实施情况，包括实施内容与教师努力的程度；效果的评价在于判断心理辅导活动课实质上所产生的效果。

第一节 班级团体心理辅导课的过程评价

团体心理辅导课的评价经常是即时性的，要想在较短的时间内能够言简意赅地对整个辅导过程做出明晰的剖析，我们可以从以下方面对团体心理辅导课考察。

一、辅导理念是否正确把握

"辅导理念正确"具体体现在：

（1）整个辅导过程中对辅导主题及其核心概念把握准确；

（2）对辅导主题的理解不片面和绝对化；

（3）辅导主题符合学生的奴隶特征和实际需要，针对性强。

二、设计思路是否清晰明了

"设计思路清晰"表现为：

（1）活动设计有创意，不照搬照抄教学参考资料。如果整个活动是教师自己的创意，那么操作起来便会成竹在胸。

（2）活动内容选取恰当，形式活泼生动，每一个活动都有其独特的意义，彼此之间衔接十分自然。

（3）活动线索清晰有序，每一步骤紧紧围绕主题需要。教师的思路是通过活动来呈现的，思路清晰，学生的注意力就会被紧紧吸引住，不知不觉间就跟着教师的引领进入了辅导的胜境。

三、辅导过程气氛是否活跃和谐

"辅导过程气氛活跃和谐"反映在：

（1）辅导教师能成功地催化团体动力，学生参与积极性高，小组认真互动，全班分享有启发性，发言有真情实感；

（2）现场活而不乱，让人感受到一种蓬勃的生机和活力，而这一点恰恰是心理辅导活动课的魅力之所在，也是心理辅导活动课达到预设目标的重要前提。

四、辅导技巧运用是否得当到位

"辅导技巧运用得当到位"，具体表现为：

（1）辅导教师从体态语言到口头语言都要力求具有亲和力，处处体现自己对学生的高度尊重，这是辅导教师最起码的专业基本功；

（2）运用专注、倾听、同感、重述、具体化等辅导技巧，对各种情况及时做出回应；

（3）能够把握问题的重心和辅导目标的方向，有临场应变能力，回应简洁而又比较到位，并善于适时引导，使活动或讨论不偏离主题，而且能避免出现明显的失误。

五、辅导目标是否基本达成

"辅导目标基本达成"，体现在：

（1）多数学生通过活动对辅导目标氛围内的某个问题有所感悟，或者受到感染，获得了责任感和自尊感，情感得到了升华，认同团体达成的共识或规范；

（2）多数学生激发了自己的内驱力，或者改变了某种认知方式或行为方式，并有一种情绪上的愉悦的体验。那么，应该可以认为这次团体心理辅导课的目标基本达成。

第二节　团体心理辅导课的效果评价

一、行为量化法

行为量化法也称系统观察法，是指由团体成员或者团体领导者和团体观察员，在整个班级团体心理辅导的过程中记录团体成员的某些行为出现的次数，以此评估成员行为是否有所改善。如教师希望通过班级团体心理辅导来改善某位学生的多动症问题，让他在上课的时候专心认真。为此教师可以专门设计一份行为观察表，让成员记录这位学生在平时上课时出现多动行为的次数，然后在整个班级团体心理辅导的过程中记录其多动行为出现的次数，最后进行评估，看班级团体心理辅导是否有效地改善了这位学生的多动症方面的问题。

行为量化法不仅可以记录外显的行为，同时可以记录情绪和思维。记录的方法可以用表格或图示，其优点是具体、可操作和直观。

二、标准心理测验法

在班级团体心理辅导过程中，可使用标准化的、具有较高信效度的心理测验量表，来准确地反映出班级团体成员的行为和情绪的变化情况，从而评估班级团体心理辅导的效果如何。例如，在为了提高班级同学的心理健康水平而组织的班级团体心理辅导中，可以在班级团体心理辅导开始前用标准的心理测验如SCL-90测量班级成员的心理健康水平，然后在整个班级团体心理辅导结束后用SCL-90量表给班级成员施测，比较班级团体心理辅导之前和之后两次测量的结果，以考察班级团体心理辅导的效果。

当然，在选用标准化的测验时需要注意：

①必须使用具有较高信度和效度的量表，以保证测量的可靠性与有效性。

②选用的量表必须与班级团体心理辅导的主题有关。

③必须严格按照量表的施测要求进行测量。

三、自编问卷法

自编问卷法指教师根据班级团体心理辅导评估的需要而设计一系列有针对性

的问题来让团体成员自行填写，收集班级团体成员对整个班级团体心理辅导的过程、内容、成员关系、团体气氛、团体目标的达成和团体领导者的工作态度和工作成果，有助于班级团体动力的检视、领导效能的反省与成员权益的保障。教师在编制问卷时需要注意以下几点：

（1）问卷中的所有题目都必须和研究的目的相符合，即题目都是测量研究所要测量的变量，也即须有较高的信度和效度。

（2）问卷能够显示出和一个重要的主题有关，使填答者认为重要且愿意花费时间作答，因此，问卷的重要性应在问卷中或所附的信函中清楚说明。

（3）问卷仅收集由其他方法无法得到的资料，如从学校或普查资料中不能获得的。

（4）问卷要尽可能简短，其长度只要能获得重要的资料即可。问卷过长会给回答者带来麻烦，从而影响问卷的回收率。

（5）问卷的指导语要清楚详尽，重要词句要进行界定，每个问题仅处理一个概念，而所有问题的用语要力求简明清楚。所提供的反应项目要清楚、正确且易于回答。

（6）问卷的题目要客观，避免引导期望的暗示反应类问题。

（7）问卷的题目要按心理接受的顺序安排，由一般性题目到特殊性题目。这种顺序安排有助于填答者组织其思想，故其反应将会符合逻辑而客观。在出现私人或敏感性问题前，应该先呈现那些可以引起好感态度的问题。如果有可能，应避免引起令人苦恼或困窘的问题。

（8）问卷所收集到的资料要易于量化、统计，列表说明和解释。

四、学生主观报告法

主观报告法指通过团体成员的日记、自我报告、领导者工作日志、观察员的记录等方法评估团体发展和效果。如在班级团体心理辅导结束后，可以使用一些开放式的问卷来了解学生对班级团体心理辅导的感受等。

开放式问卷举例：团体效果评估量表

1. 你对这次班级团体心理辅导印象最深刻的是什么
A. 气氛轻松，可以探索到内心深处的许多东西，更加懂得关心别人，对自我的信心增强了，对自己更了解了

B. 我感受到了一种集体的关怀、活跃的气氛
C. 在活动中我觉得每个同学都很善良、很热情
D. 很高兴通过有趣的活动，使大家有了更多自我了解和相互了解的机会
E. 与他人合作得愉快
F. 从不同的角度认识别人，认识自我，关心帮助别人，从不同成员身上吸取优点
G. 每个人都能不同程度地剖析、暴露自己的优缺点，真诚相待，在活动中总能感受到温暖
H. 可以了解别人，了解自己，更加信赖别人，同时更懂得怎样与别人交流
2. 你个人认为在这次团体中有什么收获
A. 用真诚来对待别人，你会有很多朋友，而且这次我觉得同学们又彼此了解很多
B. 增强了自信，看到了人与人之间的真情，加强对自己、对家人、对社会的责任
C. 更加了解自己，更多地帮助别人
D. 觉得人与人思维差距很大，但都很善良，充分感到被关心、被帮助的快乐与温馨
E. 对自己的认识更深，更有责任心，增强了协作精神
F. 认识到个人价值，对自己有了更深刻的认识，对周围的人有了信赖感
G. 对自己的了解比以前加深了许多，懂得尽力从别人的观点出发、照顾别人，以后做事的方式会和以前不同
H. 感受到其实人和人之间的关系并非如自己想象的那么复杂，对社会交往更加充满信心
3. 你认为这次团体达到了什么效果
A. 使我了解到在之前没有这么多同学之间发自内心的、真诚的交谈
B. 增强了自信心，更懂得关爱别人，见到陌生人时克服了一些拘束感
C. 很好地帮助我解决 / 克服在社会交往上的一些问题，使我积累了踏入社会前的经验
D. 使我在和别人相处这方面有很大提高
E. 让每个成员充分展示、表现自我，了解周围人和事，关心周围，热情对待生活
F. 增强责任心，努力信赖别人，更深刻地认识自己
G. 认识到自己未知的一面
H. 对自我完善起到一种促进作用，看清楚自己的优缺点，在交友方面会比以前成功
I. 最重要的效果在于能体会到人际交往中除自己以外的人的想法和心态，便于以后交往
J. 使自己更有信心，更会信赖别人
4. 你对团体还有哪些建议
A. 此类活动以后可以多在各学校中举行，可以发动更多的人参加，扩大群众参与性
B. 我很满意
C. 再多些活动，使对自己的了解更深入
D. 建议再长一点，多几次
E. 尽量找一些不认识、不熟悉的人组成一个小组

参考文献

1．［美］Ed.E.Jacobs,Robert L.Masson,Riley L.Harvill. 咨询的策略与方法［M］. 洪炜等译，北京：中国轻工业出版社，2000.10.

2．刘勇．团体心理辅导与训练［M］.广州：中山大学出版社，2007.

3．白羽．改变心力——团体心理训练与潜能开发［M］.杭州：浙江文艺出版社，2006.

4．王宇杭，白羽．大学生心理健康教育与实训指导［M］.杭州：浙江大学出版社，2013.

5．郑云正．心理行为训练实务［M］.北京：长征出版社，2008.

6．［美］盖瑞·凯朗特．户外培训游戏大全［M］.陈平译，北京：企业管理出版社，2003.

7．杨文圣．短程心理咨询的方法与艺术［M］上海：上海交通大学出版社，2022.

8．刘视湘，朱小茼，贺双燕．团体心理辅导实务［M］.北京：首都师范大学出版社，2015.

9．杨敏毅，谢晓敏．学校团体心理游戏教程与案例［M］.上海：上海科学普及出版社，2006.

10．樊富敏，何瑾．团体心理辅导［M］.上海：华东师范大学出版社，2010.

11．洪洁州，夏敏慧，李梓欣．团体心理游戏253例［M］.北京：人民邮电出版社，2023.

12．樊富敏．结构式团体辅导与咨询应用实例［M］.北京：高等教育出版社，2015.

13．田国秀，谢吕莎．团体心理游戏实用解析［M］.北京：学苑出版社，2010.

14．樊富珉．团体心理咨询［M］.北京：高等教育出版社，2005.